企业再造

Reengineering the Corporation

A Manifesto for Business Revolution

[美] 迈克尔·哈默　詹姆斯·钱匹——著
Michael Hammer　James Champy

小草——译

江西人民出版社

目 录

序　21世纪的企业再造 / 1

第一章　危机常在 / 1

第二章　企业再造：改变之路 / 27

第三章　重新思考业务流程 / 47

第四章　工作新世界 / 63

第五章　再造之促进者——信息技术 / 83

第六章　谁来再造 / 103

第七章　寻找再造的机会 / 121

第八章　重新设计流程的经验 / 139

第九章　着手再造 / 155

第十章　公司的经验：杜克能源 / 169

第十一章　公司的经验：IBM / 189

第十二章　公司的经验：迪尔 / 207

第十三章　成功再造 / 225

后　记 / 241

常见问题解答 / 243

致　谢 / 253

出版后记 / 255

序　21世纪的企业再造

企业再造又回来了。

传统理念认为，企业再造是短暂流行于20世纪90年代的管理学，与其他风潮一样，一闪即过，归于沉寂。今天，几乎所有自成一体的"新经济"指南，都不屑一顾地将企业再造评论成典型的"旧经济"思维。较为宽容的评论则是：企业再造不过是一个适合于特定时代的概念，那时的美国公司正受到日本巨头的冲击，经济陷入萎缩和衰退，成本高企，产品质量极度恶化，美国经济也经历着自由落体运动；那是采取狂飙突进措施的时代，是潜行于华尔街收购企业的艺术家们的时代，是刀耕火种精简规模的时代，是企业再造的时代。

现如今，比尔·盖茨、微处理器和互联网已经拯救了我们。信息技术带动美国的生产力大幅飙升，与此同时，经营管理不善和社会僵化却让我们的竞争者们举步维艰。企业再造也许曾经在那个时代有些作用，但那个时代已经远去。更有甚者，一些评论将企业再造描绘成彻头彻尾的欺诈——说企业再造是毫无实质内容的空洞口号，或者认为企业再造无非是精简规模的同义词。

他们都错了。

企业再造并没有消失。它活着，并且很风光。其实，说再造又回来了，是有些误导的。实际情况是，它从未离开过。在聚光灯的光圈之外，真正的企业业已通过再造孜孜不倦地改变了他们大部分的业务方式。与几年前业务方式迥异的数个主要领域包括：为订单供货、制造、采购和客户服务。再造创造出以下概念：针对某个客户服务需求，指定单一个体处理所有相关步骤；将供货任务交由同地区、跨职能的团队；根据实际客户订单而并非预测的需求来制造产品；让需求方而不是公司采购部门采购低成本的物品等。

企业再造，实际上是商业历史上的成功故事之一。这些曾经被认为是革命性的实践，在美国企业的复苏中起到了主要作用，现在这些实践已屡见不鲜。本书第十一章中的主角IBM公司，就是通过同心协力的再造，从衰退甚至灭亡中被拯救回来的众多巨型企业中的一例。美国运通、美标、福特、克莱斯勒、德州仪器以及杜克能源公司，都是通过业务再造获得成功的财富500强企业中的一些例子。

实际上，再造产生的影响不仅局限于个体层面，而且还扩散到了宏观经济层面。只是，把目前美国经济的强势完全归功于企业再造那就言过其实了。应该说，是因为再造结合了其他重大因素，例如稳健的货币政策与澎湃的企业家精神，这些厥功甚伟的驱动因素一起推动了经济发展。

如果没有再造，美国经济中的许多领域无法像现在这样繁荣。产品价格居高不下，质量低劣不堪，顾客也会转而购买其他国家的商品。美国公司也无法应对顾客需求的重大改变、外国竞争者的威胁，以及那些野心勃勃的初创公司的虎视眈眈。

现代美国经济最突出的特点是：消费需求旺盛，失业率低，商品价格和工资却陷入停滞。换句话说，通货膨胀这个怪兽被关进了笼子。将这个奇迹归功于美联储果断的手腕或公司没有涨价的能力并不算错，但还不够充分。如果今天的公司还像它们15年前一样运作，环境的变化会让它们步履蹒跚。如果成本失去控制，而你又不能提高产品售价，那你就要关门大吉了。如果你的客户对你产品的需求导致你劳动力成本增加，那么员工工资就会上升。而正是因为企业经历了再造，所以它们在面对产品售价不断下降的时候仍能维持利润率，在面对逐步升级需求的时候能够避免增加劳动力成本。

尤其讽刺的是，很多人宣称信息技术大发展是美国产业复兴的根源；其实，企业再造才是让信息技术释放其潜力的关键。仅仅在陈旧的经营方式上引入新科技并不能大幅提升企业的运营效率。有人打趣道："信息技术能让我们更快地做出错误决定。"事实是，企业再造之前，人们还在窘迫地从他们的系统投资中识别主要的优势业务。再造向企业指明：改造企业流程，用科技盈利。

那么，为什么在某些圈子里，企业再造却声名狼藉呢？我们将这个现象留给未来的商业或社会历史学家来评判。我们的观点是，那是媒体和商界过分狂热地拥抱再造之后必然出现的逆反心理。20世纪90年代早期，几乎找不到封面文章不是关于再造的商业杂志，也没有不尝试再造的公司。这个狂热现象不是间歇性的歇斯底里，而是有着深刻的背景因素。整个20世纪80年代，美国公司都在绝望地、徒劳地寻找能够一劳永逸提升业务的方法，只是他们尝试过的方法要么不起作用，要么产生的积极结果稍纵即逝。

然后，已经有了成功纪录的"再造"开始得到广泛应用。福特、柯达、美国联合碳化物公司，以及本书、其他出版物和早期新闻报道中引用的诸多公司，都证明了企业再造不是一个假说：它确实效果显著。

自然而然地，企业再造迅速成为了所有人都想搭上的顺风车，但问题是，并不是所有人都清楚地知道再造是什么。许多不知情的首席执行官下达命令："给我再造，不管那是什么，快点给我再造。"这种情况很容易带来灾难。再造变成了可以由总经理简单委派他人完成的灵丹妙药，真是荒谬！许多经理不愿意阅读本书，不愿意严肃思考这个术语意味着什么，更不愿意做出困难和重大的抉择。相反，他们想找些简单办法来再造，于是找来了过多同样一知半解却渴望来帮忙的顾问。

立刻，"再造"失去了其原有的含义。一些公司将"再造"当成是改变的总称，或者为他们正在以改善的名义进行的各种活动都冠以"再造"之名：从重建他们的信息系统，到改变他们的人力资源战略。然而，同样正是这些公司对他们的"再造"期望过高，当那些期望没有实现时，他们很自然就会将失败归结到这个概念本身。媒体一开始对企业再造极度热情，现在却抓住"失败"大做文章，宣称再造的时代已经结束。然而，即使在声声责难中，那些准确、巧妙地执行了再造的公司正在收获令人惊叹的益处。

实际上，尽管再造已经获得了巨大的成功，却仍然有很大的潜力可以挖掘。一方面，一些到目前为止还不愿意改变基础运营的行业（例如银行业和公用事业）也开始尝试再造了。于此同时，即使是进行了一段时间再造的企业也还没有完成再造过程。另一方面，新科技为开启新一波再造创造了机会。20世纪90年代，企业再造仅仅影响到了后勤部门、工厂和仓库。在新世纪，再造正被应用到管理部门和创造利润的业务部门：产品研发、销售和市场营销。

从一开始，企业再造就是信息技术的亲密伙伴。再造的精华是业务流程，而科技使得重新设计业务流程成为可能。这两者有着共生的关系：没有企业再造，信息技术无法带来利润；没有信息技术，则无法实施企业再造。过去五年里最重要的与企业再造有关的科技是"企业资源计划（ERP）系统"，它是一套集成软件系统，所支持的不是割裂的职能模块，而是整个业务流程。那些没有首先（或同时）进行流程再造的企业，对于部署 ERP 所获得的极少益处感到失望。（他们仅仅改善了信息技术操作，也相应增加了成本。）另一方面，那些将再造与科技两者结合起来的公司——例如 IBM、欧文斯科宁、阿莫科（石油）公司和通用磨坊公司——获得了惊人的成功。下一波的再造将会与科技紧密结合，不仅整合企业的职能，而且能整合整个企业。

任何一个没有冬眠数年的人都知道，我们现在活在互联网时代，没有哪个创新能像互联网一样被持续热炒。然而企业应该意识到，必须与再造联系起来，才能真正利用互联网的力量。20 世纪 80 年代我们总结出一句话："将一摊混乱自动化，会导致一摊自动化的混乱。"于是再造便应运而生。除非一个组织重新定义它的业务流程，否则在原有流程上引入新科技并无益处。

今天，这个口号已经升级了："在糟糕的业务流程之上建立一个网站，只能宣传他们有多糟糕。"缺失了强健的、再造过的业务流程，电子商务就无法成为美梦，而是噩梦。处理订单及供货的流程如果不经再造，就会因为其过于复杂与不可靠，只能由受过培训的专业人士来处理。而强制这些专业人士直接面对天真的顾客必然导致无法顺畅工作。要想通过互联网完成销售，就需要进行新一轮的再造，即使那些刚完成上一轮再造的企业也不例外。

例如，IBM 在 20 世纪 90 年代再造了大多数的业务流程，但它又一次开始了再造，这次是将同样的流程"搬到网上"以衔接电子商务。《商业周刊》在关于电子商务的第一期专题报道中就点出了互联网与再造的关系：它为企业电商化起了绰号，称为"电子改造"。互联网需要新的工作方式，而再造就是创造新工作方式的工具。

第一波再造的标志是它消除了职能界限，聚焦能够创造真正客户价值和超越职能界限的、端到端的业务流程。而新一波由互联网引导的再造推倒了挡在各个企业之间的围墙。公司自家门口不再是业务流程的终点。产品研发、规划、预测以及许多其他流程天生就具有跨企业的特征，甚至牵涉到与顾客和供应商的工作。互联网通过企业与企业之间分享信息，促进了跨企业流程的再造。

简而言之，再造远未结束。越来越多的公司正在加速运转他们的再造引擎，重塑他们与顾客和供应商的工作。于是，我们更新了本书内容并再次出版，以帮助这些公司掌握再造的基础原则。

当我们的出版商希望我们出版本书的新版本时，我们无声地抱怨了。离我们最后一次读这本书已经过了不少时间，我们觉得如果要适应新一代的再造者们，我们需要完全重写一本书。然而，吃惊并愉悦着，我们渐渐意识到我们在1992年写的东西在新世纪仍然有效。当然，再造的基本动机——在第一章中阐释的三种动机：顾客、竞争和变化——仍然还恰当。业务流程的概念，与应用在后勤部门一样，也可以被应用到管理层和跨企业的合作上。流程设计的技巧，以及流程负责人、领导者、设计团队的职能也仍然有用。总体来说，我们只做了小小的编辑性修改，就使得本书更准确和适应新时代。

不过，我们为新版图书准备了一整套新的个案研究（第十章到第十二章）。旧版本的书里描述的是早期先驱者们的经验。虽然他们的故事很重要并富有教益，然而在很多方面，那些跟随并学习他们的公司都已经超越了那些拓荒者们。我们新的个案研究专注于三家广为人知的公司——杜克能源公司、IBM以及迪尔公司，这些公司在20世纪90年代末的领导地位很大程度上要归功于他们企业再造项目的成功。

我们以新版书欢迎老朋友和新朋友。已经拥有企业再造知识的人们可以学习新的个案研究，新接触再造的人们可以从基础开始，跟随本书，逐渐熟悉最现代的观点。

我们希望本书能像推动第一波再造一样，也能为新一波企业再造提供参考。企业不应停止再造的步伐。除非世界停止改变，否则再造就会始终作为必需的商业工具而得以应用。我们相信本书可以长久服务于需要再造的人们。

REENGINEERING
THE CORPORATION

第一章　　　　　　　　　危机常在

至少在公众消费领域，没有一家公司的管理层不在强调：希望公司足够灵活，能根据市场环境的变化而快速调整；希望公司足够精简，比任何竞争者的成本都低；希望公司持续创新，能以最新科技更新产品和服务；希望员工足够投入，提供最优品质产品和服务。

所以，如果管理层希望让公司精简、敏捷、灵活、反应快速、竞争力强、能创新、有效率、重视客户，还有能盈利，那么，为什么有那么多企业都臃肿、笨拙、顽固、反应慢、没有竞争力、没有创新、没有效率、轻视顾客的需求，而且还亏损？答案就在于这些公司工作方式，以及为什么他们要如此工作。公司得到的结果通常与管理层期望的结果大相径庭，比如以下例子：

• 我们访问过一家制造商，与其他的公司一样，他们也定下目标，要求快速为客户配送货物，但是事实证明这个目标很难达到。与该行业大多数的公司一样，这个公司也采用一种多层次配送系统。也就是说，工厂将制成品送到"中央配送中心"。接着，"中央配送中心"将产品再送到不同的"地区配送中心",那里是些小型仓库,可以承接与交付顾客订货。其中,有一个"地区配送中心"负责"中央配送中心"所在区域的订货,其实它们都在同一栋楼里。不可避免的是,"地区配送中心"常常都会发觉自己缺少能够交付客户的货品。而那个"地区配送中心"原本应该可以从走廊那一头的"中央配送中心"处快速得到缺失的货品,但实际却无法做到。因为即使是处理加急的订单,整个过程也需要花费11天:"地区配送中心"通知"中央配送中心"需要的货品需要花费1天;"中央配送中心"检查、挑选、调度该货品需要花费5天;然后"地区配送中心"还需要5天用于收货、上架、取下货品,最后才是打包顾客订单。整个过程要花费如此之长的时间,其中有一个原因是:"地区配送中心"是按其处理顾客订单的时间来为其评分的,但是"中央配送中心"却不是。评价"中央配送中心"表现的是其他因素:库存成本、库存周转率以及劳动力成本。匆忙完成"地区配送中心"的加急订单反而会损害"中央配送中心"自己的作业评定。其结果是,一旦出现加急订单,那个"地区配送中心"压根儿就不准备从一墙之隔的"中央配送中心"要货,而是从另一个"地区配送中心"连夜将货品空运过来。成本呢?每年的空运成本就要花费数百万美元。每一个"地区配送中心"都有一个团队不干别的事,专门处理其他"地区配送中心"所要的货物;同样一批货物会被处理及运送许多次,次数多到超出一般人的想象。"地区配送中心"和"中央配送中心"都在完成自己的工作,但是整个系统却工作绩效低下。

• 通常,提升一家公司某些部门的效率会以牺牲公司整体效率为代价。一家大型美国航空公司的飞机,在某天下午着陆在A机场等待维修,但是,离飞机最近的有资格维修的技工还在B机场工作。B机场的经理那天下午拒绝让维修工去A机场,因为如果去维修,修完之后维修工只得在宾馆里度过一个晚上，而食宿费用则需要 B 机场经理埋单。于是，维修工在第二天早上被派往 A 机场：这样他就可以在一天之内修完飞机，然后再赶回家。一架价值数千万美元的飞机就这么停着，航空公司损失了数十万美元的利润，但 B 经理则省下了 100 美元的宾馆费用。B 经理既不愚蠢也不粗心，他只是做了他应该做的事情：控制并最小化他的开支。

- 麻烦通常源自一家公司内部不同部门之间的协调与合作。例如，一家消费品生产商将商品交付给零售商代销，当零售商退还未售出的商品之时，这个退货过程涉及了生产商 13 个不同的部门。收货处收下商品，仓库将商品陈列起来，库存管理更新记录以反映这些退货，市场推广部门需要为已售出商品明确实际售价，销售会计需要调整销售佣金，总会计需要更新财务记录等。但是没有一个部门或者个人专门负责处理退货，于是退货涉及的每一个部门都觉得处理退货无关紧要，可以先搁在一边。不用奇怪，这时发生的错误就很常见了。退回来的商品在仓库里"消失了"。公司为没有卖出去的商品支付了销售佣金。更糟糕的是，零售商的退货没有被记录下来，于是他们大发雷霆，导致所有促销和市场推广的努力都白费。充满怨气的零售商不太可能再推广这个生产商的新产品，并会延迟向生产商支付销售款，而且通常只会支付他们认为的去除退货价值后他们所赊账的那一部分。这又导致生产商的应收账款部门陷入混乱，因为客户的支票金额对不上生产商的发票。最终，生产商只得放弃，无力追溯实际发生的事情。他们自己估计，每年由退货和相关问题所导致的成本和利润损失以"亿元"计。不时，管理层会尝试对脱节的退货流程加强管理，可是一旦某些部门工作得力了，另一些部门又蹦出了新问题。

- 即使某项工作会对公司最终盈亏产生重大影响，很多时候公司也不会指定专人负责。例如，按照政府批准重大新药的要求，一家制药公司需要提供30名不同情况的病人试药一周的实际临床结果。获取这个信息花费了这家公司2年时间。一名公司的科学家花了4个月研究并制定出需要收集哪些数据。设计临床试验只花了2个星期，但是让其他的科学家评议这项试验花了14个星期。随后，一名医生花了2个月时间安排并面试了一些其他的医生，以便让那些医生们确定试药病人并管理试药过程。从所有涉及试药的医院处获得许可花了1个月，其中大多数时间都在等待回复。由于那些监管试药一周的医生们预先获得了报酬，所以他们没有加速工作的动机。收集医生们填好的表格花了2个月时间。之后，试验行政人员将表格交给数据录入员，却发现90%的表格上都有错误。表格随即交还给试验报告设计者确认，再给行政人员，之后交给医生们，让医生去更正错误。这家公司自己的临床试验过程（不是政府的批准过程）就让公司损失了近两年的利润，价值数百万美元，而这只是一种药品，还有许多其他新药也不外如是。但是，迄今为止，公司里没有人会为完成临床试验担负总责。

以上这些故事是从我们所知的真实案例中随机列出的；类似的例子不胜枚举。这些公司不是孤例，而是随处可见。公司高管不希望出现这些事件，但它们却持续发生着。为什么？

部分美国公司表现不佳，其原因不是因为某些评论家所声称的"工人很懒惰，管理层很无能"。20世纪美国企业在工业和科技上的成就已经证明了管理层并非无能，工人并不懒惰。具有讽刺意味的是，评论家对公司表现不佳的解释与以前对公司表现卓越的解释如出一辙。

20世纪的美国企业领先全球，为产品研发、制造和配送树立了榜样。它们被全球商界当成典范也就不足为奇了。美国企业提供了平价的工业化商品，建造并运营了跨北美大陆的铁路，实现了科技进步，例如发明出电话和汽车,改变了我们的生活方式,从而使美国民众的生活水平达到了历史上前所未有的高度。同样是这些公司和人民,现在表现不佳并不是因为内在的缺陷,而是因为他们所处的世界已然改变,变化的速度及程度让他们难以应对。这些美国组织仍在遵循过时的原则,与当今社会格格不入。

科技进步,国与国之间市场的边界消失,现在的顾客由于拥有更多消费选择而提高了期望值,以上这些因素组合在一起,可悲地使得模范企业的目标、方法和基础组织原则变得陈旧过时。想要激发它们的竞争力,并不是让这些公司更努力工作就能解决,而是需要学习采取不同的方式工作。这就意味着,公司和它们的员工们需要放弃许多曾经让他们成功的原则和技巧。

今天,大多数的企业——无论它们身处哪个行业,无论它们的产品或服务在科技上有多么复杂,无论它们的业务发生地在何处——都可以将它们的工作方式和组织根源追溯到1776年亚当·斯密的《国富论》中大头针工厂的原型。哲学家兼经济学家亚当·斯密意识到工业革命创造了前所未有的机遇,可以让生产厂家提高生产效率,减少产品的成本,其变化程度绝不是说服手艺人干快一些就能实现的小幅百分比,而是数量级的改变。在《国富论》里,斯密这位彻底的思想家兼商务顾问老祖宗,解释了他所谓的"劳动力分工的原则"。

斯密的原则是基于他自己的观察,即一些数量的"专职工人"(每个人只做大头针制造过程中的单一步骤)会比同样数量的"多面手工人"(整个大头针都由一个人完成)在一天中多制造大量大头针。斯密写道:"一个人抽出铁丝,另一个人将它拉直,第三个人将其切断,第四个人将其削尖,第五个人将顶端切磨好以便与圆头相接。要做圆头,就需要有二或三种不同的操作。装圆头、涂白色乃至包装,都是不同的工序。"斯密说他访问过一个小工厂,只有10名工人,每个人只做生产大头针的18道专业工序中的一种或两种操作。"这10名工人,一天最多可以生产48000枚大头针。而如果所有人都各自单独工作,若不加以专门训练,每个人一天都无法生产出20枚,甚至可能连一枚大头针也生产不出来。"

劳动力分工使得大头针工厂将生产力提高了数百倍。对于分工的优势,斯密写道:"可以归功于三种不同的情况:第一,是每一名工人增加了熟练度;第二,同一个人从一种操作转到另一种操作通常都会浪费时间,所以分工协作节省了时间;最后,大量机器的发明,既协助工人操作,又节省人工,一个人就能做大量工作。"

今天的航空公司、炼钢厂、会计公司以及电脑芯片制造商都是依照斯密的中心思想——劳动分工或专业化,以及其导致的工作分解化——而建立起来的。组织越庞大,工人就越专业化,将工作分解成不同步骤的数量就越多。这个规则不仅局限于制造业。比如,保险公司,通常让职员都只处理标准化表格里的一行内容。一名职员完成他的任务,然后将表格给下一名职员,让他处理下一行。这些职员从来不完成整个工作,他们只是完成零碎的任务。

随着时间的推移,美国公司成了世界上将斯密的组织原则应用到商业组织的最佳典范,不过,在斯密发表他观点的1776年,购买美国生产商品的国内市场并不大。当时,美国只有390万人,彼此之间被糟糕的道路和通讯状况分割着。拥有4.5万名居民的费城是这个羽翼未丰的国家中最大的城市。

接下来的半个世纪里,美国人口爆炸式增长,美国国内市场也相应扩大。例如,费城的人口变成了原来的4倍,不过现在最大的城市是拥有31.3

万人的纽约。制造基地在全国开始萌芽。

这种增长的部分原因是因为创新了商品运输方式。1820年，美国人开始建造铁路，这不仅延续和加速了经济发展，而且还推动了商业管理技术的演进。正是铁路公司发明了现代商业机构——这在当时是一项重大的创新，也是工业化组织成长到超过个体所能控制阶段的必然产物。

为了避免单条铁路上载货火车迎面相撞，铁路公司制订了正式的操作程序以及确保这些程序得以执行的组织结构和机制。管理层为所有他们能想象到的偶发事件都制订了规则，明确了职权和报告制度。铁路公司要求他们的工人根据规则行事，这是管理层能让单条铁路系统可规划、可运作，又安全的唯一办法。即使是现在，要求人们遵循既定程序仍然是公司机制的精华。今天，大多数公司里的"命令与控制"制度就体现了170年前铁路公司的原则。

今天商业组织在其演进发展过程中的第二个重大步骤来自于20世纪的两名汽车产业先驱：亨利·福特和艾尔弗雷德·斯隆。

斯密认为应该将工作分割成小的、可重复的任务，而福特在此观点上更进一步。福特不需要一名技能型装配工用各种零部件装配出一辆整车，而是将每一名工人的工作简化到仅仅装配一个预先规定好的零部件。起初，工人还需要从一个装配台走到另一个装配台，以便能进行重复的装配作业。后来，福特发明了移动装配流水线，流水线能将工作自动传送给工人。福特也因此成名。

通过将汽车组装分解为一系列极为简单的任务，福特使这些工作本身无限地简单化，但同时也使得协调这些员工工作的过程以及最后组装成整车变得困难多了。

然后，艾尔弗雷德·斯隆登上了历史的舞台。斯隆是通用汽车创始人威廉·杜兰特的继任者,他创造出了与更有效率的汽车厂相适应的管理制度原型。

福特和杜兰特都不知道如何管理由流水线所导致的庞大且杂乱无序的组织——专业分工的大型企业不仅需要工程设计、制造、组装,还需要市场营销。尤其是杜兰特,由于通用汽车的车型种类繁多,所以他总是发现在当前的市场状况下公司某一型号的汽车生产过剩,或者由于原材料备货不足导致生产活动必须暂停。斯隆接管通用汽车后,完善了福特开创的系统。今天的术语"大规模生产"就是指这一整套系统。

斯隆创造了小型的、分散的部门,以便让管理者仅仅通过监督生产和财务数字就能从公司总部监管整个企业。斯隆为每一款车都设立了不同的部门——雪佛兰、庞蒂克、别克、奥兹莫比尔以及凯迪拉克——以及其他几个部门专门制造零部件,例如发电机(德科)、转向齿轮(萨吉诺)。

正如福特将亚当·斯密劳动分工的原则应用到生产上一样,斯隆将分工应用到管理上。斯隆的观点是,企业高管不需要工程和制造的专业知识;那些职能领域可以让专家来监管。企业高管需要的是财务专业知识。他们只需要看"数字"——销售额、利润、亏损、存货水平、市场占有率等——这些数字由公司各个部门产生出来,由数字决定这些部门是否运行顺畅;如果出了问题,管理者可以要求他们采取合适措施,加以改正。

斯隆的管理创新将通用汽车从沉睡中拯救回来,更重要的是,这也让其他公司解决了发展瓶颈的问题。斯隆的管理体系需要市场营销专家和财务经理,他们与公司的工程专家们相辅相成。这位通用汽车的领导者不仅在工厂里施行手工劳动力分工,更是坚定设立了与之对应的专业劳动力分工。

我们今天所知的企业发展史中的最后一项改进出现在第二次世界大战

后和20世纪60年代的美国,那段时期是经济快速发展的时期。福特公司的罗伯特·麦克纳马拉、美国国际电话电信公司的哈罗德·吉宁、通用电气公司的雷金纳德·琼斯,这三个人的管理方法成了那个时代管理学的缩影。高管们通过精细规划,决定公司应该涉足哪些业务,应该给每项业务分配多少资金,以及期待这些业务的运营经理可以上交公司多少回报。大量的公司首席财务官、计划人员和审计师成了高管的眼睛和耳朵,刺探出不同部门的业绩数据,干预并调整运营经理的计划和活动。

美国的这套组织模式迅速扩散到欧洲,然后在"二战"后扩散到日本。这套企业组织模式就是为大量市场需求和企业加速成长所设计的,所以完美地适合了战后的环境。

当时经济环境的特征是,无论美国国内还是海外市场都拥有对商品和服务持续旺盛的需求。先是由于经历了经济大萧条,之后又由于战争,使得物资非常匮乏,所以无论公司能生产什么,消费者们都非常乐意购买。他们几乎不要求高质量产品和服务。房子能住就行,汽车能开就行,冰箱能用就行,总比什么都没有强。

20世纪50年代和60年代,公司高管主要担忧的是生产能力——如何使生产能力跟上持续增加的需求。如果公司过早建造了过多的生产能力,那就会由于对新工厂投资过大而陷入赤字。如果对生产能力投入太少或者太晚,那又会由于制造能力的缺失而失去市场份额。为了解决这些问题,公司发展出了非常复杂的预算、规划和监控制度。

大多数公司的组织结构是标准的金字塔形状,这很适合高速发展的环境,因为这种结构可扩展。当一家公司需要扩大规模时,它只需要在底层增加工人,然后在管理层里增加管理人员。

这种组织结构也非常适合进行监管和规划。由于将工作分解成小任务,所以监管者就能确保员工表现的一致性和准确性，而监管者的上级也可以如法炮制。由于区分了不同的部门，所以公司就容易批准预算和监控预算，同样，也容易进行规划。

由于几乎不再有复杂困难的生产任务，所以这个组织形式也使得员工只需要接受短时间培训便能上岗。而且，当20世纪60年代出现了新的办公科技之后，公司也敢于将白领工作也分解成细小、可重复的任务，这种小任务也可以被机械化或者自动化。

但是，当任务的数量日益增长，制造一个产品或者提供一项服务的总流程就不可避免地日益复杂。相应地，管理这些流程也就变得困难。公司组织机构图的中间层，即职能经理或者中层经理的数量不断增长，就是公司为了将工作分解成简单可重复步骤以及设立分层体系所必须付出的代价之一。

劳动力分工的另一个劣势是，导致高层管理者与他们公司产品或服务使用者之间的距离越来越远。管理层只能通过财务数据来猜测顾客对公司战略的反应，而不再通过面对面交谈获取反馈。

上述便是今日企业的根基，这些从当时大环境中锻造而成的原则成了今天的企业结构。如果说现代企业将工作切薄成无意义的小小任务，那是因为这种方式曾经很有效率。如果说他们用职位等级来规定权力和职责，那是因为他们曾经用这种方式学会了控制杂乱无序的企业。如果说他们抗拒那些让他们改变运营方式的建议，那是因为这些组织原则和结构曾经在几十年里都派上了用处。

然而，公司无法回避的现实是，自从亚当·斯密阐述基于劳动力分工的原则以来，这些组织方式（公司运营的旧方式）不再起作用了。突然，世界改变了。现在美国企业的竞争力危机不是由于遇到了暂时的经济衰退或者经济周期的低点。真实情况是，我们再也不能指望可预计的经济周期了（我们曾经经历的经济繁荣、衰退，然后再次繁荣的周期，现在已不可预测）。在今天的环境里，没有什么是持续或可以预测的——市场增长率、顾客需求、产品生命周期、科技变化的速度，或者竞争的性质，这些都难以预测。亚当·斯密的世界和他的管理方式是昨天的范例，过时了。

今天有三种力量，或各自独立，或聚在一起，将企业推入高管和经理们陌生又害怕的深渊。这三种力量分别是：顾客、竞争和变化。这些名称本身并无新意，但是他们的性质却与以前迥然不同了。

让我们看看这三者是如何改变的。首先是顾客。

◎顾客强势

从20世纪80年代早期开始，在美国和其他的发达国家，商家对顾客的主导关系已经改变了。卖家不再占上风，顾客占了上风。现在是顾客告诉供应商他们想购买什么，他们想何时购买，对购买的商品有何种要求，以及愿意支付多少金额。这种新形势让只知道大众市场的公司陷入混乱。

实际上，从来都不存在大众市场。但是在20世纪的大多数时间里，"大众市场"的说法让产品生产商和服务提供商（从亨利·福特的汽车公司到托马斯·沃森的电脑公司）幻想他们的顾客或多或少都很相似。如果真有大众市场，或者说如果顾客的行为预示着大众市场，那么公司应该认为一个标准化的产品或服务（一辆黑色的轿车或者一台蓝色的电脑）就能满足大多数人的需求。即使是那些不满意的人也会购买，因为他们没有其他选择。美国的大众市场供货商没有多少竞争者，而且大多数供货商的产品和服务也比较类似。实际上，大多数消费者也并无不满。他们根本不知道还有其他不同的、更好的商品。

然而，既然他们现在有了挑选余地，顾客们就不再像从一个模子里刻出来的那样了。顾客们（消费者和企业客户）要求卖家为他们唯一独特的需求定制产品或服务。不再有"这些顾客"的概念，有的只是"这名顾客"，这名此时此刻卖家正在接洽的、可以纵容自身品味的顾客。大众市场变成了小块市场，有些市场小的就只有个体顾客。

个体顾客——无论是消费者或者工业公司——都要求商家区别对待他们的特定需求。他们希望产品能够按他们的需求而配置，希望送货日程与他们的生产计划或者工作时间相匹配，支付方式也要让他们觉得方便。许多单个因素加在一起，就促使市场力量的平衡从生产者占优势转到了消费者占优势。

当竞争者（大多数是日本公司）向美国市场塞入了价廉物美的商品以后，消费者的期望值就猛然升高了。接着，日本公司还推出了新产品，这些产品是著名美国公司还没有来得及投放市场的甚至是根本没想到的新商品。更有甚者，日本公司还同时提供传统公司无法匹配的周到服务。这是"批量生产+"——添加的是品质、低价、更多选择和优质服务。

在服务领域，消费者知道他们能够得到更优质服务，于是便提升了期望与要求。于是各种服务提供商和销售商采用了复杂但容易访问的数据库，这种科技让他们不仅追踪了顾客的基本信息，而且还获取了顾客的偏好和需求，从而为提升竞争力打下了新的基础。

在休斯敦，如果一名顾客致电必胜客，订购一款他上个星期曾经购买过的意大利辣香肠蘑菇比萨，店员会询问顾客是否愿意尝试新口味。如果顾客同意，店员会快递给顾客专为其口味定做的比萨，再外加优惠券。当一名顾客致电惠而浦的服务热线，这个电话会自动转到上次与这名顾客谈过话的那名服务代表，以便从 800 人的服务代表中为顾客创造一种亲切的感觉。采用邮购方式的销售商拥有获取他们客户大量数据的能力,因此能够提供更高层次的服务。一旦顾客体验过这种优越的服务,他们就不喜欢低档次的服务了。

在一些市场里,顾客会难以置信地聚集起来——汽车行业超级经销商的崛起、少数几个快餐连锁企业代替了数千家独立的餐馆、折扣购物中心吸引了原本属于大街上商店里的顾客——这些强势经销商也已经深刻改变了卖家与顾客的关系。如果大招牌上写着"乔·史密斯的奥兹莫比尔、日产、五十铃、梅赛德斯、吉普、本田和土星汽车",那么在谈判中占据强势地位的是乔·史密斯,不是通用汽车。乔·史密斯代理了如此众多其他品牌的汽车,所以通用汽车对于史密斯的重要程度不如史密斯对于通用汽车来得重要。

后向一体化(back ward integration,向供应链的上游做资源整合。——编者注)的威胁也在推动权力从生产商转到消费者手中。通常,以前需要生产商为顾客做的事情,现在顾客自己也能做了。其实企业客户也可以购买同样的机器,雇用同样的人,以代替供货商供货,只是他们不一定会这么做而已。于是他们便这么对生产商说:"按照我的方式做,否则我就自己做。"例如,便宜且简单易用的设计软件与打印机为企业客户提供了自行设计打印的选择,而以前他们只能依靠印刷厂。

适用于企业客户的变化也同样适用于消费者。当个人储蓄者意识到银行是在用储蓄资金去买高等级短期国债和商业票据,而他们其实也可以自己去买同样的债券和票据时,许多人就减少了低利率的储蓄,从而剥夺了银行的一个重要利润来源。

顾客在与卖家的关系中占据了上风,部分原因是因为现在顾客有能力获得大量的数据。新的通讯科技让现在的世界充满了信息。比如,任何人都可以上网或者利用当天报纸找出全国所有银行的利率,所以现在人们可以确切知道他们本地的银行是否利率较高,如果不是,那么哪家银行利率高。今天,一家汽车经销商必须得假设所有的顾客都读过《消费者报告》,都在网上比较过汽车价格和特点,都知道经销商向制造商提车的价格。这些都使经销商认为自己与顾客的谈判变得棘手。

对于那些以大众市场心态成长起来的公司来说,最难接受的新现实是每一名顾客都至关重要。今天失去一名顾客,另一名顾客可能也会消失。在"二战"结束后的30年里,消费品陷入了周期性的供应不足。生产商无法以取悦所有潜在买家的低价格生产出足够多的商品,于是,无法得到满足的需求使得生产商相对消费者占据了优势。大众市场诠释了电影《梦幻成真》的场景:你只要造出来,他们就会买。

但是消费品短缺的情况已经不复存在了。在供求关系中的供给侧,全球都有了更多的制造商。在需求侧,发达国家现在的人口增长率降低了。而且,许多产品的市场都趋于成熟。冰箱、录像机、个人电脑,想要购买的人都早已购置。那些行业进入了置换模式。于是,消费者拥有了大量的权力。换言之,他们可以挑三拣四了。

总之,不断扩大的大众市场已经属于过去,今天公司的客户(企业客户和个人消费者)都知道他们想要什么、应该付多少钱,以及如何得到他们想要的条款。如果公司还不明白、不欢迎这种新型买卖关系,那么这些顾客就不会与这种公司打交道了。

◎ 竞争加剧

第二个因素是竞争。曾经,竞争是如此简单:只要公司能以低价提供消费者可接受的产品或服务,就能形成销售。现在,不仅有了更多的竞争,而且还有了无以复加的竞争种类。

  细分市场的竞争者们几乎已经将所有市场都改变了面貌。相似的商品以完全不同的竞争基础出现在不同的市场上：在某一个市场上是比拼价格，另一个市场是比拼款式，其他市场是比拼质量，还可以比拼服务，售前、售中、售后服务都有竞争。贸易壁垒正在下降，所有的美国公司都感受到了海外竞争者的影响。当日本公司——或者德国、法国、韩国、中国公司——都在同一个市场自由竞争时，只需要一个卓越的公司就会将全世界公司的竞争门槛拉高。卡特彼勒公司与小松公司竞争、杜邦与赫斯特竞争、大通曼哈顿银行与巴克莱银行竞争。竞争会导致优胜劣汰，因为这些公司中只要有一家提供最低的价格、最高的质量、最佳的服务，那么很快这些都会成为竞争者们的标准。"合格"不再等同于"足够优秀"。如果一家公司不能在竞争环境中比肩全球最佳标准，那么很快它就会没有立足之地。

  当现有的公司还在收回他们上一个产品的研发成本时，那些没有历史包袱、没有臃肿组织结构的创业公司却能以新一代产品或服务进入市场。大公司不再坚不可摧，今天所有的著名公司都需要警惕创业公司的竞争。在创业公司中，有的公司是新建立的，还有些公司已经按照他们创始人的原则运营了一些时间。按照这个定义，Sun 微系统公司仍然是创业公司，沃尔玛也是创业公司。Sun 公司的计算机工作站改变了全球所有电脑制造商的历史进程。沃尔玛则重塑了零售业。

  创业公司不墨守成规，而是要为商业运营写下新的规则。沃尔玛并没有照抄西尔斯的模式。没有西尔斯的历史包袱，沃尔玛创造出了新的工作方式，取得了更好的结果。西尔斯曾经成效卓著的资产（许多雇用着娴熟推销员的商店、已经建立好的供货商关系、经长期调整确立好的运营和管理制度）现在都变成了负债，因为他们无法跟上沃尔玛制定出的新型竞争

标准。(沃尔玛以大型超市方式颠覆了传统商店的零售。——译者注)

科技以公司无法预料的方式改变了竞争的性质。比如,在零售领域,科技让制造商和零售商(比如宝洁公司和沃尔玛)融合了他们的配送和仓储系统,使得这两者能相互促进。在售后领域,科技使得创新者发明出了完全新颖的服务技巧。比如,奥的斯电梯公司发明了一套精巧的电脑系统,用来管理为北美 9.3 万台电梯和自动扶梯提供复杂的、24 小时不间断的维护任务。维修技工到达事故现场之前,公司已经简略告知他哪里出问题以及这台机器的维修历史记录。类似奥的斯电梯这样的公司进行了科技创新,拓展了服务的界限,实现了与客户更加流畅互动的同时,也提高了顾客对这个市场里所有公司的期望值。

◎变化成为常态

第三个因素是变化。我们知道顾客和竞争已经改变,但是,变化本身的性质也已改变。最重要的是,变化已经无处不在、连绵持续。这才是新常态。

例如,不久以前,人寿保险公司只提供两种产品:定期寿险和终身寿险。今天,他们提供的产品是不断变化的大杂烩,这种迫使保险公司创造新产品的竞争压力还在不断增大。

而且,变化的步伐也加快了。随着经济全球化,公司面临着许多竞争者,每一个竞争对手都可以向市场引入创新产品和服务。产品的生命周期从数年缩短到了数月。福特的 T 型汽车卖了整整一代人。今天,一款电脑产品的生命周期也许最多能到 2 年,但更普遍的周期只有 6 到 9 个月。最近,有一家基金公司推出了一项服务,专用于钻税法和利率的空子。他们预计这个产品的生命周期就是 3 个月。如果仅仅延迟 30 天推出这个产品,那么该产品的销售周期就会减少三分之一。

关键问题是，不仅产品和服务的生命周期缩短了，而且可供新产品研发和投放市场的时间也缩短了。今天，公司必须快速行动，否则就只能等待被淘汰的命运。

而且，公司必须同时关注多个方面。高管们自以为他们的公司武装了能探测到变化的雷达，但其实大多数公司都无法做到。多数情况下，他们所能探测到的只是他们希望看到的改变。例如，一家我们熟悉的消费品制造商的品牌经理兢兢业业地跟踪消费者的态度，期望能探测到会对其产品产生影响的趋势。他们针对消费者的问卷调查持续反馈回来好消息，但是市场份额却突然下降。他们做了进一步市场调查，顾客喜欢他们的产品，市场份额却依旧持续减少。其实，是因为这家公司的订单履约供货流程很凌乱，激怒了零售商，于是零售商减少了他们产品的上架，但无论是品牌经理还是公司里的其他人都没有足够宽泛的洞察力能够找出并处理这个问题。

公司不愿意看到迫使公司破产的变化，但正是那种忽视变化的态度成了今天商业环境里大多数变化的导火索。

顾客、竞争与变化为商业创造了一个新世界。越来越明显的是，为一种环境而设计的组织方式不能在另一种环境里顺畅运行。那些为大规模生产、稳定的外部环境和增长的消费需求而生的公司无法在当今世界成功，因为现在的顾客、竞争和变化都需要企业足够灵活并做出快速反应。

一些人责怪美国企业的问题超出了企业管理层所能控制的范围——他们责怪封闭的外国市场不对美国企业开放，责怪外国竞争者低廉的资金成本，责怪外国公司接受当地政府补贴从而以倾销价格掠夺美国市场。他们责怪美国联邦政府没有管理好经济,没有健全完善规章制度,也没有妥善利用自然资源与人力资源。他们还责怪工会,责怪工人不勤劳、低学历。

不过,如果非要用上述因素解释我们的困境,那么几乎所有的公司应该都不可避免遭遇滑铁卢。但事实情况并非如此。虽然西尔斯公司丢失了市场份额,但沃尔玛公司则蓬勃发展。虽然保险行业整体陷入亏损,但是其中一些公司(例如前进保险公司)则取得了出色的业绩。面临相同的规则与竞争对手,几乎各行各业中都有公司获得了成功,这反驳了上述指责。

如果经理们无法确定是什么原因导致他们公司陷入困境,他们便无法就所应该采取的措施达成一致。一些人认为,只要他们推出符合潮流的正确产品和服务,公司就能重塑辉煌。但我们不这么认为,因为产品的生命周期有限,所以即使是最好的产品也很快会被淘汰。**能确保公司取得长久成功的关键不是产品,而是创造产品的流程。** 好产品不能造就赢家,是赢家造出了好产品。

一些人认为,只需要改变企业战略,公司的毛病就治好了。他们应该出售某个部门并购入另一个部门、改换市场、进入不同的业务领域。他们应该利用资产变戏法,即通过杠杆收购实现资产重组。这种思想会使企业分心,而不改变实际运营的业务。更有甚者,这种观点还表达出了对于现有日常业务的严重鄙视。公司不是随意买卖的股票投资组合,而是许多人聚在一起工作,从事研发、制造、营销和服务。如果他们在现有业务上并不成功,那是因为他们的员工没有做好应有的研发、制造、营销和服务。公司高管可能认为,相比于在枯燥业务细节之中弄脏他们的手,买卖资产的大富翁游戏更加有趣,但业务细节其实更重要。著名建筑师密斯·凡德罗说:"上帝就存在于细节之中。"凡德罗说的是建筑,但他的观察也可以同样应用到企业运营。

一些人，包括许多经理在内，都将企业的问题怪责到管理缺陷上。按照他们的逻辑，只要公司采用了不同的、更好的管理方式，公司就能繁荣昌盛。但是过去30年的管理风潮——无论是目标管理、多元化、Z理论、零基预算、价值链分析、分权管理、质量研讨小组、"卓越"管理、资产重组、投资组合管理、走动式管理、矩阵管理、内部创业，或者一分钟管理——都没能让公司保持他们的竞争力。它们只是让经理从真正的手头工作中分神了。

一些人认为，自动化是企业问题的答案。是的，电脑可以让工作加速，在过去40年里，企业已经花费了数十亿美元来让曾经手工的工作实现自动化。自动化的确加快了工作速度。但是实际上，由于电脑完成的还是与手工同样的工作，这就意味着公司业绩无法得到根本改善。

我们对公司问题的诊断很简单，但是需要采取的纠正行动并不像他们已经试过的方案那样简单。我们的诊断直击公司运营的"心脏"。我们的诊断基于一个前提，即一家基本业务比其他公司更好的企业（能更好地制造产品或提供服务、营销、履约供货，以及服务顾客），就能在市场上占据竞争优势。总体而言，我们相信赢家与输家的区别是，获胜的公司知道如何将他们的工作做得更好。如果公司想再次成为赢家，那么他们必须搞清楚如何完成工作。我们的诊断就是如此简单并令人瞠目结舌。

为了阐述我们所说的公司如何完成工作，让我们看看几乎所有公司都有的一个普遍流程。"订单履约供货流程"由一个客户下订单开始，到货物投递完毕结束，包括这之间的所有过程。通常，这个流程包含了十几个步骤，需要不同部门的不同员工来执行。客户服务部门的员工接到订单、录入订单、核对订单是否完整和准确。然后订单会交给财务部门，有人会检查这名顾客的财务信用情况。销售部门员工决定这批货售价多少。然后，订单来到存货管理部门，以便员工确认是否有现货。如果没有现货，订单会被转移到生产规划部，这会导致延期交货。最后，仓库会制定一个送货的日程。物流部门决定送货的方式——铁路运输、公路运输、空运或者水运——并选定送货路线以及运输公司。处理货物的人从仓库里取出货物、确认订单准确无误、将货品打包，然后装车。物流部门将货物交由运输公司，后者负责将货物送给客户。

上述流程可能很复杂，但是从亚当·斯密的劳动力分工以及艾尔弗雷德·斯隆的管理控制与责任制原则的角度看，这个流程的确有些优势。首先，公司不必雇用高学历人士来做这些事。在这个流程中的每一个人都各司其职，执行一个简单的任务。第二，通过等级化的指挥链条，流程中的每个人都可以为自己的行为负责。

公司必须在"维持简单任务"与"严格管控职员行为"这两者之间找到权衡点。首先，由于公司里没有人监管上述订单履约流程及其结果，所以也没有一个人需要为此负责。流程里没有人能够告诉顾客，订单执行到哪一步，什么时候货物能送到。这个流程涉及了许多人，但是没有哪一个人或者哪一个职能单元的工作可以管控整个流程。

第二，这个流程很容易出错。由如此众多的人员分头处理同样的订单，出错就不可避免。

告诫职员提高工作质量也是徒劳无功。即使处理订单过程中涉及的所有职员都非常完美及时地完成他自己的工作，整个流程仍然进展缓慢。并且容易出错。上述流程中涉及了太多的任务切换——最少要9次，如果延期交货则有更多任务切换。每一次切换都意味着该任务需要排队等候批量处理。

而且，典型的订单履约流程并不包含客户服务。由于整个流程涉及跨部门的十几个人，所以也就无法灵活应对客户的特殊需求，无法回答客户提问。公司没有授权任何人回答问题或者解决问题。订单一旦进入流程就似销声匿迹，直到最后环节才会再次出现——根本无法掌控处理订单的周期。

仅仅解决订单履约流程中的一个小问题并不能解决大问题。那些试图以解决流程中的小问题来改善业绩的公司都不得要领。实际上我们认为，试图以修补流程中单个问题来解决公司整体问题的办法，必定导致公司持续表现不佳。但是，我们见过一家又一家公司，他们的管理层都只是在修补小问题，而不是重新设计整个流程。

于是，本书的核心内容就是以下这些：公司不再适宜、不再需要按照亚当·斯密的劳动力分工而组织工作。在当今的世界里，顾客、竞争和变化都不同了，所以基于简单任务的工作也已过时。公司必须基于流程组织工作。

正如亚当·斯密当时提出他的论点那样，我们今天的论点也是既激进又影响深远。凡是能理解并接受这个"基于流程而工作"概念的经理们，将会帮助他们的公司大步前进。拒不接受的公司则会落后。

在余下的书里我们都会涉及"流程"，但现在应该已经显而易见的是，为什么重塑流程对于那些想在业务困境中找到解决方法的公司来说至关重要。我们应该已经能够看出为什么无法"修补"公司，只能"重建"公司。

今天许多公司里没有人负责流程。更有甚者，根本没有多少人意识到这个问题。有没有一家公司专设一个副总裁职位负责订单履约，即负责将产品送到客户手上？恐怕没有。谁负责推出新产品？研发部、市场营销部、财务部、制造部等等所有这些都有涉及，但没有人总负责。

今天的公司是由"职能筒仓"组成的，或者说是烟囱状的，由建在一个流程中各个小任务之上的垂直结构所组成。检查客户信用的人隶属于公司征信部，而征信部也许从属于金融事业部。取货的人是仓库里的工人，他也许要向负责产品制造的副总裁报告。另一方面，送货是物流的一部分。流程中的人"埋头"工作，"抬头"向老板汇报，但没有人关心"外部"的顾客。当代公司表现不佳就是将流程碎片化的必然结果。

基于分工和碎片化流程的经典公司结构之所以能够持续到现在，是因为这种结构扼杀了组织里的创新和创造力。如果职能部门里的某个人有了一个新想法（比如，更好的履约供货方法），他首先需要说服他的直属老板，然后由他的老板去向上级老板汇报，一层一层逐级上报。如果一个想法要获得认可，一路上所有人都要同意，但是只要一个人不同意，这个想法就被扼杀。然而，这种经典组织结构设计者却不认为阻碍创新是结构中的缺陷，反而将其看成一种防止无端风险的保险机制。

这种在早期形成的碎片化流程和分工结构也无法应对大幅变化的外界环境——无法应对市场变革。目前的流程是基于这样一个假设：市场条件只会在小范围、可预期的界限之内变化。由于管理层不再涉足执行，而执行层又被分解到专门的部门，所以今天的公司"确保"了无人能意识到重大改变，即使他碰巧发现了也无济于事。

今天，碎片化的组织呈现的是可怕的"规模不经济"，这恰恰与亚当·斯密所期望的规模经济背道而驰。这种不经济不仅体现在直接劳动力上，而且还体现在管理上。例如，如果一家公司每小时生产100件产品，该公司需要11个人：10个工人和1名监工。但如果外界对公司产品的需求增加到了原先的10倍，需要每小时生产1000件产品，那么这家公司所需要的员工人数不仅仅是10倍工人和每10个工人1名监工。该公司大约会需要196个人：100个工人、10名监工、1名经理、3名经理助理、18个人做人力资源管理、19 个人做长期规划、22 个人做审计和内控，还要 23 个人进行协调与督促工作。

这种"规模不经济"不仅是等级森严、官僚体系的结果，尽管这些因素的确也起了作用。它其实是被我们叫作组织管理学中"胖墩儿学派"（Humpty Dumpty School）的后果。公司将一项天然的流程（例如订单履约流程）分解成小碎片，让职能部门的人去做单一的小任务。然后，公司还需要大费周章地雇佣一大堆人马将碎片化的工作重新粘贴起来。这些人的职务名称是审计师、项目促进人、财务总管、联络人、监督人、经理和副总裁。他们仅仅是将真正做事之人粘贴起来的胶水，做事的人是信贷检查人员、仓库提货人员、货品运送人员。许多公司的直接劳动力成本也许下降了，但管理成本却提高了——而且是大幅提高。换言之，今天的大多数公司为"胶水"支付的费用比支付给真正做事之人的费用更高——这是自找麻烦。

不灵活、反应迟钝、不关注顾客、只看过程不看结果、官僚主义、缺乏创新、管理成本高企——这些都是过时商业实践的遗产。这些特征并不新奇；它们不是突然出现的，而是多年积弊。只不过，以前公司不用担心它们而已：如果成本增加，他们可以将成本转嫁给顾客。即使顾客不满意也没有其他选择。如果新产品推出缓慢，顾客也只能耐心等待。过去，管理者最重要的工作是使产量匹配需求增长，其他的都不重要。现在既然消费需求趋于平缓，其他方面对于企业的重要性便凸显出来。

现在已经是 21 世纪，我们却期望 19 世纪时设计的公司结构能在现在拥有良好表现。

我们需要完全不同的公司结构。

REENGINEERING THE CORPORATION

第二章　　企业再造：改变之路

每当有人让我们给企业再造下一个简短的定义，我们就会说它的意思是"从头来过"。它并不是对于现存企业结构进行修补，或者在基础结构不动的情况下进行逐步的改变。企业再造不是"打补丁式"的维修，不是应急式地临时修补现有企业制度。再造的含义是废弃长久建立的工作程序，重新审视能为公司创造产品或服务、能为客户创造价值所必需的工作。它意味着要问这个问题："依照目前的科技和我所知的信息，如果我今天要重塑企业，应该要如何做？"企业再造意味着扔掉旧系统，从头来过；意味着从最初的地方开始，发明一种更好的工作方法。

上述对企业再造的非正式定义适用于简单回答问题的场合，这会让人们迅速了解企业再造的要点。但是想要将再造应用到企业，人们还需要了解其他的东西。

一家公司如何再造它的业务流程？从哪里开始？要涉及哪些人？如何才能想出彻底改变的方法？

有些公司用试错的方法来寻找彻底改变的策略。我们曾作为顾问帮助过一些公司进行这种改变，也研究过其他公司的做法。结合自身经历和观察所得，我们提出了企业再造的概念，并为此开发了一种用于重塑企业的流程。为了执行这个流程，我们与我们服务过的公司开发出了一些技巧。这些技巧不是公式，而是公司用来重塑工作方式的工具。

这些技巧和我们客户的经验让我们倍受鼓舞。如果能合理应用这些技巧——发挥智慧与想象力地加以应用，它们便能给公司绩效带来惊人的提升。下面，我们就来介绍企业再造以及如何进行企业再造。

再造的正式定义

那么让我们为"再造"下一个更恰当的定义。确切地说，"再造"就是从根本上重新思考流程，彻底地重新设计业务流程，以便在诸如成本、质量、服务和速度等关键性现代衡量指标上实现大幅度的提升。本定义包含四个关键词。

关键词：根本

第一个关键词是"根本"。进行再造的时候，首先必须就公司如何运营提出一些最基本的问题：我们为什么要做这些工作？为什么要用我们目前的方式来做？问自己这些根本性的问题，能够逼迫人们去审视他们业务方式里不言而喻的规则与假设。通常，这些规则都是过时、错误、不恰当的。

企业再造就不应遵循预先设定的假设。实际上，进行再造的企业需要抛开原有业务流程的假设。"我们如何才能更有效率地检查客户信用？"这个问题事先假设了必须要先检查顾客信用。其实，大多数情况下，检查信用的成本比坏账损失还要大。再造，首先就是决定公司必须做什么，然后才是怎么做。再造没有固定的方式，它意味着不受目前业务的影响，而专注于应该去做的业务。

第二章 企业再造：改变之路

关键词：彻底

我们定义中的第二个关键词是"彻底"。彻底设计意味着从事情的根基开始：不是做表面的改变或者在现有基础上稍作修改，而是将陈旧的都抛弃。企业再造的时候，彻底地重新设计意味着不要管现有的结构和规程，重新发明工作的新方法。再造不是对现有业务进行改进、增强或者修补，而是重建业务方式。

关键词：大幅度

第三个关键词是"大幅度"。再造不是进行非核心、小幅度的改进，而是要让公司的表现突飞猛进。如果一家公司比它应有的成就差了10%，或是成本高了10%，或是产品质量低了10%，或是客户服务需要再提升10%，那这家公司不需要再造。传统的方法（比如勉励职员努力工作或设立质控体系逐渐改进质量）就能将公司从10%的坑里拉出来。只有必须下重手的时候才需要再造。非核心的改进只需要微调，大幅度的改进则需要破旧立新。

根据我们的经验，需要再造的公司可以分为三种类型。第一种是陷入大麻烦的公司。除了再造，他们别无选择。如果一家公司的成本比对手高了一个数量级，或者成本超出了该公司商业模式所允许的范围；如果公司的客户服务特别差，顾客都公开指责；如果公司产品的次品率是竞争者的2倍、3倍甚至5倍；换言之，如果这家公司需要数量级级别的大幅度改进，那么这家公司显然就需要再造。20世纪80年代早期的福特汽车公司就是这种例子。

第二种公司是还没有陷入困境但是公司的管理层预见到公司会出问题的公司。20世纪80年代后期的美国安泰保险公司就是这种例子。那个时候，安泰公司的财务状况看起来还很令人满意，但已经能够隐约看见乌云正朝这边袭来——竞争者在增加，客户特征和需求正在改变，监管法规或经济环境发生了变化——这些都威胁到了公司成功的基础。这些在此背景下谋求再造的公司都是很有远见的公司。

第三种公司是正处在巅峰状态的公司。无论现在或未来，都察觉不到可预见的困难，但是他们的管理层拥有雄心壮志。沃尔玛就是这种例子。这第三种公司将再造看成扩大自身竞争优势的机会。通过增强公司表现，他们将竞争门槛提升地更高。显然，处于优势地位的公司很难做出再造决定。你即将赢得比赛，为什么还要重写规则？有种观点认为，真正成功公司的标志是愿意放弃让他们长期成功的做法。一家真正伟大的公司从来不会满足现状。他们自愿放弃让他们长期成功的做法，因为他们希望新变化能让他们更好。

我们以比喻的方式将这三种公司形容为：第一类公司绝望了，他们撞在墙上受了伤，躺在地上；第二类公司正在高速路上前进，但是他们通过前照灯发现有东西正朝着他们撞过来，也许他们是正朝着墙飞驰？第三类公司在一个晴朗的下午开车外出，视野里看不见障碍物，天气真不错，于是他们决定停下来为其他人建造一堵墙。

关键词：流程

第四个关键词是"流程"。虽然这个词是我们定义里最重要的词，但是这也是让大多数公司经理最为难的词。大多数商务人士都不擅长流程，他们专注的是任务、工作、人员、结构，但不专注流程。

我们将业务流程定义为：首先需要一些"输入"，然后其创造的"产出"能为客户带来价值的一系列的活动。在第一章中我们举了一个流程的例子，就是以订单为输入，以递送订购的商品为结果的订单履约流程。换言之，将订购的商品递送到顾客手上就是这个流程创造的价值。

由于受到亚当·斯密概念（将工作分解为最简单任务，然后让专职人员处理每个任务）的影响，现代的公司和经理们都专注于这个流程里的单个任务——接受订单、从仓库取货等——但是没有看到大方向，即让货物到达订购者手里。这个流程里的单个任务固然重要，但对于顾客来说，如果整个流程出问题，顾客才不会管哪个任务重不重要——也就是说，如果没有将货物送给顾客，一切都只是徒劳。

再造实践

我们用三个案例来说明如何再造，以及再造能让公司成就什么。在阅读以下案例的时候，需要记住再造的四个关键词——根本、彻底、大幅度以及流程——尤其是流程。基于任务的思维（将工作分解为最简单组件分配给专人）已经影响了200年的公司结构设计。现在已经有公司开始转向基于流程的思维，下面就以IBM信贷、福特汽车、柯达这种主流公司的彻底改变为例阐述流程思维。

IBM 信贷

我们第一个案例是IBM信贷，这是IBM的全资子公司，如果独立核算，这家公司可以排进"财富100强服务公司"。IBM信贷的业务是为IBM公司出售的电脑、软件和服务提供金融支持。IBM很喜欢这项业务，因为为顾客的订单提供贷款非常有利可图。

早期，IBM信贷的经营就是类似狄更斯笔下的那种老土样子。每当有顾客需要赊购IBM的产品，他需要通知IBM的现场销售人员，由销售员打电话给康涅狄格州老格林威治镇围坐在会议室桌边的14个话务员中的一个。话务员会将顾客赊购贷款申请记录在一张纸上。这是第一步。

第二步，有人将那张纸拿到楼上的信贷部门，那里有一名专业人士将信息录入电脑，然后查询这个潜在借款人的信用。这名专业人士将信用检查的结果写在纸上，然后交给链条中的下一个环节——业务部。

第三步，业务部负责按照顾客的贷款申请修改标准的贷款契约。业务部门拥有自己的电脑系统。当这项任务完成以后，有人会将特定条款附在申请表格上。

然后轮到了定价员，这是第四步，他要将数据录入个人电脑表格，计算出提供给顾客的贷款利率。定价员将利率写在一张纸上，与其他的纸一起交给文书处，这是第五步。

然后一名行政人员将所有的信息写在报价信上，最后雇用联邦快递将信快递给现场销售代表。

整个流程平均要花费6天，有时候甚至会花去两个星期。从销售代表的角度来看，这个周转过程太过冗长，因为它留给了顾客6天时间去找其他的贷款方法，或者该顾客可能转而赊购其他电脑商产品，又或者有足够的时间取消交易。于是，销售代表就一次又一次打电话催问："进行到哪一步了？什么时候处理好？"当然，没人能回答，因为由于处理过程须经多次转手，所以无法得知这个贷款申请现在何处。

为了改进流程，IBM信贷尝试了许多种办法。比如，他们决定安装一个控制台，用来回答销售代表关于交易状态的问题。换言之，原来是每个部门将完成好的任务交给下一个部门，现在是每个部门都要将完成好的任务交还到接电话的控制台。那里有一名行政文员专门记录完成到哪一步，然后再将文件送到下一个部门。这个办法的确解决了一个问题：现在控制台知道申请文件走到了迷宫的哪一步，能够告诉销售代表准确的信息。不幸的是，这个信息是以增加周转时间为代价的。

最后,两名 IBM 信贷公司的资深经理进行了一次头脑风暴。他们亲自经历了一个贷款申请的 5 个步骤,要求每个办公室的人放下他们手边正在做的事情,按照正常的速度首先处理他们的这份贷款申请,如此这般可以省却文件堆放在桌子上等待处理的时间。处理完他们这份贷款申请只花了 90 分钟,即一个半小时。其余的时间(有了控制台以后平均要花 7 天)都花费在将文件从一个部门拿到另一个部门等待处理上面。管理层开始审视问题的核心,即整个信贷发放流程。即使魔术棒一挥,公司能让每个人的工作效率翻倍,整个流程的时间也只能缩短 45 分钟。问题不在于任务或者执行任务的人,而在于流程结构本身。换言之,需要改变的是流程,而不是职员个人能力。

最后,IBM 信贷公司用"多面手员工"替代了那些"专职人员"(信贷审查员、定价人员等)。现在信贷申请不需要从一个办公室转到另一个办公室,只需要一名"交易设计人"就可以从头到尾处理整个流程,不再需要转手了。

一个人如何能取代四个专职人员呢?因为,原先的流程是基于几个根深蒂固的假设:假设每一个贷款申请都是唯一的、难以处理,所以需要四名高度专业化的员工来处理。实际上这个假设是错误的。大多数的贷款申请都很简单直接。原有的流程是为管理层想象中最复杂的申请所设计的。当那两名资深经理仔细检查那些专业人员的工作时,他们发现大多数工作都很简单:在数据库里找出信用评级、将数字代入标准模型、找出样板文件条款。当公司为"交易设计人"配备连接到专业数据库的电脑时,这一名职员就有能力处理所有的事情了。

IBM 信贷也重新开发了一套复杂的电脑系统来为交易设计人提供支持。大多数时候,这套系统都会提示交易设计人应该如何处理。遇到极其复杂的申请，他可以从少数真正的专家那里得到帮助——信贷审查专家、定价专家等。即使在这种情况下，申请文件也不需要转手，因为交易设计人和专家现在作为一个团队一起工作。

重新设计流程所带来的改善是惊人的。IBM信贷将7天的周转处理时间压缩到了4个小时，而且没有增加雇员——实际上还稍微减少了雇员数量。与此同时，公司成功发放贷款申请的数量翻了100倍。不是100%，是100倍。

IBM信贷公司所实现的（减少90%的周转时间，效益提升100倍）就很符合我们对再造的定义。这就是通过对整个流程的根本改变实现了大幅度的业绩提升。IBM信贷没有问："我们如何改善贷款报价计算？"他们问的是："我们如何改善流程？"而且，通过根本的改变，IBM信贷也打破了需要专家才能做好专业步骤的假设。

福特汽车公司

第二个再造的例子是关于改变另一种类型的流程的。我们把流程定义为"将价值传递给客户的一系列行动"，并举了履约供货和信贷发放的例子。但是，流程的客户不一定是外部的客户。流程客户也可以在公司内部。比如说，原料采购的流程就需要将原料提供给生产部门。再造也可以用到这些流程上，这就是福特公司的经验。

20世纪80年代早期，福特与其他许多美国公司一样，都在想办法减少管理成本。福特认为他们应该减少应付账款部门的成本，它是支付福特供货商账单的部门。那个时候，福特公司在北美的应付账款部门拥有超过500名员工。福特的高管认为可以利用电脑来让一些功能自动化，以此可以削减20%的员工数量，使其降到400人。按照我们的标准，这种自动化现有

第二章　企业再造：改变之路

手工流程的小幅度改善不能算作企业再造。福特的经理觉得削减20%的员工已经不错了——直到有一天他们访问了日本马自达汽车公司才完全改变了观点。

福特持有日本马自达汽车公司25%的股份。福特的高管发现，这家小型的汽车公司只雇用了5个人来处理应付账款。福特的500人对马自达的5个人，这种差别太令人吃惊了，已经不能用马自达公司的规模小、团队精神、企业歌曲，或者晨练来解释。即使福特削减了20%的人员，显然也无法与马自达的成本抗衡，于是福特的高管不得不重新思考包含应付账款的整个流程。

思考整个流程对于福特来说是关键的转折，因为公司只能再造业务流程，但不能再造实现业务的管理组织。"应付账款"无法再造，因为它不是一个流程。它是一个部门，是一个特定流程中的人造产物。应付账款部门是由一群坐在一个房间里相互传递文件的职员组成的。这些人不能被再造，但是他们做的事情可以被再造——再造完成后，他们的新工作需要遵循新流程的要求。

我们必须强调这个关键的区别。再造必须着眼于重新设计一个根本的业务流程，而不是一个部门或者组织单元。将再造的对象视为一个组织单元是必然错误的。然而，一旦再造了真正的工作流程，执行工作所需要的组织结构的形状也会变得明显。新的结构也许不再像旧有结构，一些部门或者组织单元甚至会消失。福特就是一例。

福特公司最终再造的流程不是"应付账款"，而是"采购"。这个流程的"输入"是公司旗下一个需要零部件的工厂订单，"产出"是将购买且支付完毕的零部件提供给工厂（流程顾客）。这个流程不仅包括应付账款功能，也包含了采购和收货功能。

福特公司原有的采购流程非常传统。首先，采购部门向一个供货商发出采购订单，同时抄送一份给应付账款部门。当供货商送出的货物到达福特公司时，一名接收处的人员会填写一份表格用于记录货物，然后交给应付账款部门。供货商同时也向福特的应付账款部门发出费用清单。

现在应付账款部门有三份关于这批货的文件：订购单、接收单和费用清单。如果三份文件能核对上，福特公司就会付钱。通常情况便是如此，但是偶尔会出现帕累托所说的情况。

帕累托是20世纪早期的意大利经济学家，他发现了我们所称的"二八法则"，或者叫分配不均法则。该法则认为，一些例外情况只占一个流程里20%的"输入"，却损耗了流程80%的精力。福特公司的应付账款部门中，职员的大部分时间是花费在一种不常见的情况：那些文件（订购单、接收单和费用清单）核对不上。有时候需要花去数个星期，进行大量的追查、澄清工作才能解决。

福特新的应付账款流程看起来彻底不同了。应付账款部的职员现在不再需要核对这三份文件，因为新流程直接去除了费用清单。这个结果相当惊人。福特不再需要500人了，现在只需要125个人就能处理付款。

新流程如下：当采购部员工向供货商下订单时，他也同时将订单录入在线数据库。供货商像以前一样，将货物送到接收处。当货物到达时，接收处员工在电脑终端里核对送来的货物是否与订单要求相匹配。这就只有两种可能：匹配或者不匹配。如果匹配，收货人就收下货物，然后按下电脑终端上的一个按键，告诉数据库货物已送到。现在，到货已经被记录进了数据库，于是电脑会自动在合适时向供货商提供付款支票。另一种情况是，如果货物与数据库里的订单要求不符，那么就直接拒收，然后将货物送回供货商。

第二章　企业再造：改变之路

福特公司这项改变的基本概念很简单。原先由应付账款部门签发的支付许可，现在直接合并到接收处来处理。原来的流程错综复杂：搜索、悬而未决的文件、备忘录——足够让500名员工忙活。新流程不复杂。实际上，新流程几乎就等于去掉了应付账款部门。福特公司的其他部门（例如发动机事业部）现在处理应付账款的职员人数只有原先数量的5%。只留有很少的人来处理特殊情况。

福特再造的流程打破了原先的硬性规则。其实每个公司都有这种规则，它们深深植根于公司的运营里，其中有些有明文规定，其余则是潜规则。

例如，福特公司应付账款部门的第一条规则是："我们只有在收到费用清单的时候才能付款。"虽然这条规则不会写出来，但却形成了旧流程的框架。当福特公司的经理重建这项流程时，他们就要问自己是否还要遵循这条规则。答案是否定的。打破这条规则的办法就是去除费用清单。不再是"我们只有在收到费用清单时才能付款"，而是"我们只有在收到货物的时候才能付款"。只改变了一个词，就实现了业务的重大改善。针对其他旧规则"改变一个词"也实现了类似的效果。

例如，福特的一家卡车厂又更进一步，将"我们只有在收到货物时才能付款"改成了"我们只有在使用货物时才能付款"。福特公司等同于告诉它的刹车系统供货商："我们喜欢你们的刹车系统，我们会继续把你们的刹车系统装在我们的卡车上。但是，在装上之前，那些都是你们的刹车系统，不是我们的。只有我们使用上刹车系统，那才会变成我们的，那个时候我们才付钱。每次卡车装好刹车系统离开生产线时，我们会给你们寄去支票。"这个改变又一次简化了福特公司的采购和收货流程。（而且还有其他方面的益处，比如减少库存水平以及改善现金流。）

这个获取刹车系统的新流程也打破了另一个福特公司的规则，该规则要求公司必须同时拥有多个渠道供货商。现在至少在卡车刹车系统上有了新规则："我们只有一个供货商来源，我们要与这个供货商紧密合作。"

有人会问，实际上这么做是让刹车系统供货商来为福特的刹车系统库存埋单，为什么这个刹车系统制造商会同意这个改变？通过这个改变，供货商有什么收获？

首先，这名供货商得到了福特所有的刹车系统订单，不再需要与其他供货商竞争。其次，由于这家供货商现在可以获取福特的电算化生产周期计划，所以就不用再依赖于自己所做的针对福特的销售预计。于是这家刹车系统供货商就能更好安排生产，减少库存。

福特针对采购流程的再造阐明了另一个再造特点：如果没有现代信息科技，福特就不可能做这些改变——IBM信贷公司也同样如此。这两家公司的新流程不是新瓶装旧酒，而是使用了当今信息科技的全新流程。

例如，在新的采购流程里，如果福特的在线数据库没有下过采购订单，那么即使有货送到，接收处的员工也无法付款。事实上，如果没有数据库，接收处的员工对福特采购了哪些货物一无所知。以前只要有货物送到，接收处就会以为是公司采购来的，于是就收货，然后让应付账款部门去核对接收单、采购单和费用清单。理论上，采购部门可以将所有的采购单都复印几份，然后送去所有的接收处，以便让接收处核对货物，但是实践证明这个方法并不可行。科技使得福特创造了耳目一新的运营模式。同样，在IBM信贷公司，科技让普通职员也能访问以前只能由专业人士访问的信息。

我们认为，信息技术是实施再造所必须的促进因素。没有信息科技，流程就无法再造。我们会在第五章再次讨论信息科技。

柯达

另一个再造产品研发流程的案例是柯达公司在面对竞争挑战时候的创新。1987 年，柯达的主要竞争对手日本富士公司推出了一款 35 毫米一次性使用照相机，这种照相机里内置了胶卷，顾客买来只能用一次，然后还给生产商，生产商会将胶卷冲洗出来，而照相机会被拆卸，然后重装零件再卖出来。柯达公司没有任何产品可以与它竞争，甚至连研发中的新产品都没有，而且柯达原有的产品设计流程要花费 70 个星期的时间来制造一款能与富士相机抗衡的产品。如此冗长的时间延迟会导致富士公司在新市场上占据领先优势。为了缩短推出产品的时间，柯达再造了它的产品研发流程。

大多数的产品研发流程要么是按顺序串联的（这样就很慢），要么是平行并联的（也会由于不同的原因导致速度很慢）。在按顺序串联的研发流程里，针对产品某一部分开展工作的个人或者团队需要等到前面一步做完以后才能开始他们的工作。例如，照相机机身设计者先工作，然后轮到快门设计者，然后设计送片装置等。这种流程效率很低，丝毫不令人意外。

平行并联的设计流程中，所有的部分是同时设计，最后整合到一起。通常，这些子系统很难整合，因为即使所有的团队都基于同样的基本相机设计来工作，某个改变（通常是改进）也很难避免，但却没有通知到其他团队。当开始生产相机时，才发现需要设计返工。

柯达原有的产品设计流程是部分串联、部分并联的，效率特别低。相机设计是并联的，但是通常都会出问题。最后阶段需要针对新款相机设计生产模具，这是串联的。只有在产品设计师工作了 28 个星期之后，生产制造工程师才会开始工作。

柯达采用了一种电脑辅助设计（CAD）/电脑辅助制造（CAM）的科

技创新再造了产品研发流程。有了这种科技，工程师就不用在绘图桌上工作，而是在电脑工作台上工作了。换到在电脑屏幕上工作可以提高设计者个人的生产力，但是这个技术对于整个流程的提升仍然有限。

然而一旦有了这项技术，柯达就能再造流程了，他们设立了一个整合的产品设计数据库。每天，这个数据库记录所有工程师的工作，然后将每个人的工作成果都整合起来。每天早上，设计人员都可以查询数据库，查看昨天某人的工作是否导致他们或整个设计出现问题。如果有问题，他们就立刻解决，而不是浪费数星期甚至数月的时间。而且，现在只要产品设计师给出了第一版原型，这项科技就提醒生产制造工程师可以开始工作了，这就将启动模具设计的时间从 28 周之后提前到第 10 周。

柯达的新流程称为"并行工程"，这个概念已经被广泛应用在航空航天和汽车领域，而且现在也开始吸引消费品公司的注意。柯达利用"并行工程"将研发流程几乎缩短了一半时间，现在只需要 38 个星期就能将 35 毫米一次性使用照相机设计出来投入生产。而且，由于新流程允许生产模具设计师在产品设计完成之前就进入，所以相机设计时也参考了生产的要求，这样就可以方便、廉价地进行生产。柯达以此将一次性相机的模具和制造成本降低了 25%。

再造中反复出现的特点

这三个案例中，我们看见了真正的企业再造示例，有些例子甚至出现在我们创造出"再造"这个术语之前。这些例子都拥有再造的四个显著特点，满足再造的定义：从根本上重新思考流程、彻底地重新设计业务流程，以便在诸如成本、质量、服务和速度等关键性现代衡量指标上实现大幅度的提升。

这三个例子中还出现了以下的一些特点，本书后几章会详细说明这些特点。

• 基于流程。IBM信贷、福特和柯达的改进不是某个单独的部门或者任务。这几个例子都是审视了整个流程——信贷发放流程、采购流程和产品研发流程。

• 雄心。以上例子中，小幅改进无法满足需求。这三家公司都需要突破。例如，福特公司再造应付账款流程的时候，跳过了降低成本20%的改善方法，选择了降低成本80%的革新方案。

• 打破规则。这些公司都通过再造流程打破了原有的传统，故意抛弃了关于专业分工、串联设计以及时间的假设。

• 创造性使用信息科技。信息科技使得这些公司有能力打破旧规则，创造新流程。信息科技是公司得以从根本上改变工作方式的重要因素。

再造是什么——以及再造不是什么

对于再造一知半解的人、刚开始接触再造概念的人通常都会以为，"再造"与他们熟知的其他商业改进项目差不多。他们会这么说："哦，我懂了，再造就是缩减规模的另一种叫法。"或者他们会将再造等同于重组，或者其他的小修小补。完全不是这样，再造与那些项目几乎没有共同点，虽然开展这些项目需要具备一些相同的前提，但再造与它们有着巨大差异。

首先，虽然信息科技在企业再造中扮演重要的作用，我们应该清楚看到再造不能等同于自动化。自动化只会让做错事变得更有效率。

人们也不应该混淆企业再造与软件再造。软件再造是用现代科技重建陈旧的信息系统。软件再造的结果，基本上就是用复杂的电脑系统来自动化陈旧的流程。

再造也不是重组或者精简规模。精简规模只不过是减少生产能力以满足目前冷清的市场需求。当市场只需要少量通用汽车时，通用汽车减小规模以更好匹配市场需求。重组和精简规模只是用少量的资源完成少量的事情。相反，再造的意思是用少量的资源完成更多的事情。

虽然再造事实上可以产生一个扁平化的组织，但再造不同于改变组织、去除管理层，或扁平化组织。正如我们上述讨论的那样，公司面临的问题不是组织结构的问题，而是流程结构的问题。往新组织上覆盖旧流程就是新瓶装旧酒。

想要"打破"等级化组织结构的公司是找错了方向。等级制度不是真正的问题。相反，200年来等级制度都是可行的。如果你不喜欢公司的等级制度，你可以试着将其去除，但这会引发混乱。将传统公司粘合在一起的就是等级制度。真正的问题不是等级制度，而是碎片化的流程。去除等级制度、使组织扁平化的正确办法是再造流程，让流程不再碎片化。然后公司就可以在没有等级制度的情况下顺利运营。

再造也不是质量改进、全面质量管理（TQM），或者其他的质量管理方法。当然，质量管理和再造也存在一些相同点。它们都认可流程的重要性，都从顾客和工作流程着手。然而，它们也有本质区别。质量管理是在公司现有的流程内寻找提升的办法，日本人称其为"改善"，这是连续小幅度的改进，其目的是做好正在做的事情。质量改进是稳定、渐进性地改善。而正如我们之前所述，再造是寻求突破，不是提升现有的流程，而是废除原有的，用全新流程作为代替。再造所涉及的方法和管理层的改变也与质量管理不同。

最后回到我们原先对于再造的简短定义：从头来过。再造就是从一张白纸上重新开始。它拒绝传统智慧和过去的假设。再造就是为流程结构发明新方法，使其与以前时代的方法大不相同。

再造几乎推翻了工业革命。再造拒绝亚当·斯密工业化的假设——劳动力分工、规模经济、分级管理，以及其他早期经济发展的附属物。再造为组织工作寻找新模式。与传统方法迥然不同，再造是重新开始。

REENGINEERING THE CORPORATION

第三章　重新思考业务流程

我们现在应该已经很清楚，经过再造后的业务流程会与传统的流程大相径庭。但是再造后的流程到底是什么样的呢？

我们无法对此给出单一的答案，因为再造流程有多种方式。但是，我们可以说出许多典型的再造流程的特点。

我们观察并参与了一些企业的再造项目，发现了各式各样再造流程中惊人的相似之处，这些相似点超越了行业类型，甚至超越了流程本身。实现再造的汽车公司的经验也可以为保险公司或零售公司提供借鉴。

实现再造的公司都有类似之处，这并不奇怪，正如传统工业组织结构是基于一些前提一样，再造后公司的结构也是基于一些小范围的基本前提。传统工业公司模型是基于以下前提：工人没有多少技能，也没有时间或者能力接受培训。这种前提不可避免地要求分配给工人的工作或任务必须非常简单。而且亚当·斯密认为，只有当人们只做一种简单任务时，他们才最有效率。但是，简单任务还需要复杂流程去将它们结合在一起，200年来，公司为了得到简单任务的好处，却被迫接受这种流程的不便、低效及其带来的相应成本。

再造，就要从头开始。我们认为，为了能够满足现代公司对质量、服务、灵活性、低成本的要求，流程必须简单。这种对简单性的需求对流程设计和组织结构产生了重大影响。

以下是一些我们再造企业流程时经常看到的普遍性的、反复出现的议题或特点。

◎将数个工作合并成一个

流程再造中最基本和普遍的特征是没有流水线分工，需要将许多以前独立的工作或任务整合到一起。IBM 信贷公司的一些专业工作（例如信贷审查和定价）都被合并到"交易设计人"这一个职位里。我们曾在另一家电子产品公司也看到类似的转变，他们通过合并再造订单履约流程。以前，那家公司从产品销售到帮助客户安装购买的设备，一共被分为 5 个步骤，分别由独立部门的专业人员完成各自的步骤。由于这种流程涉及了多次转手，所以错误和误解是不可避免的而且没有人或者团队知道整个流程，没人为流程负责。当顾客来电质问出现的问题时，没有人能解决。

于是该公司再造了流程，将各个步骤的职责压缩，指派给一个职位，名为"客户服务代表"。这个人现在执行所有的流程，同时也是与客户对接的联系人。我们将这种从头到尾负责流程的人称为"个案工作者"。

不过，并不是所有的冗长流程都可以被压缩到一起让一个人完成。某些情况下（例如送货），许多步骤都是在不同地点完成的。那种情况下就需要多人来完成，每个人负责流程的不同部分。另一些情况是，无法通过培训教会单个员工执行整个流程所需的全部技能。

例如，贝尔大西洋公司希望解决由于在不同部门之间多次转手而产生的问题，但他们发现，只设立一个职位为企业客户安装高速数字线路并不可行。于是贝尔大西洋公司组织了一些"个案团队",由一些拥有各自技能的人组成,这些人一起执行安装工作。

个案团队的的成员以前散落在不同地理位置的不同部门里,现在聚集在一起,整个团队的职责是完成设备安装。虽然在团队成员之间的交接也会造成一些延迟和错误,但是与以前的跨部门交接所导致的问题相比,现在的问题小得多了。最重要的是,所有人都知道现在轮到谁负责迅速准确地执行订单。

整合多个工作的流程、个案工作者和个案团队的好处惊人。取消交接意味着可以在工作中省去错误、延迟和由此导致的返工。通常,如果只由一个人完成流程,会比以前的流水线作业快10倍。比如,贝尔大西洋公司(威瑞森公司的前身)将安装高速数字线路的时间周期从30天缩短到3天。某些情况下,安装过程甚至只需要几个小时。而且,由于新流程出现较少的错误和误解,公司也就不需要额外再派人寻找和修复错误。

整合的流程也减少了用于监管流程的管理费用。再造后的流程中涉及的员工需要及时、无错误地满足顾客需求,所以就可以减少监管。而且,公司鼓励这些员工在产品和服务不出差错的前提下,自己去寻找创新的办法来减少安装周期和成本。整合流程的另一个好处是提升控制力。因为新流程涉及员工较少,所以,为员工分配工作职责以及监控工作也就简单许多。

◎让员工做决定

执行再造的公司不仅可以平行压缩流程(通过个案工作者或者个案团队处理不同的任务),还可以垂直压缩。垂直压缩的意思是,以前流程中一旦遇到某种情况,员工就需要向上级请示,而现在让员工自己做决定。做决定不再是一线工作之外的事，而是工作的一部分。以前需要经理做的决定，现在让员工自己决定。

大规模生产是基于以下隐性的假设：一线员工既没有时间，也没有意愿来做监督和控制，而且他们缺乏做决定所需要的多元、深层的知识。以前设立分层级的管理结构就是基于这种假设。会计、审计、监督检查、记录和监管工作。经理像监管工蜂一样监管工人，还要处理例外情况。这种假设及其造成的后果，都需要被废弃。

平行并垂直压缩工作的好处包括：减少延迟、减少管理成本、更好的客户体验、给员工更大权限。

◎以自然顺序执行流程中的步骤

流程再造后不需要忍受直线串联的暴虐。工作顺序应该采用自然的优先次序，而不是人为的线性安排。通常在传统流程里，员工1必须完成任务1，然后才能把结果传递给员工2去做任务2。但也许任务2可以与任务1同时进行呢？任务的线性顺序加上了人为步骤，拖慢了工作。

流程再造之后，只有在需要的确拥有先后顺序的情况下才安排工作先后。比如，在一家制造业公司，从收到客户订单到设备安装完毕有5个步骤。第一步，决定顾客的需求；第二步，将需求转成内部产品代码；第三步，将代码信息传递给各种工厂和仓库；第四步，接收和组装零件；第五步，交货并安装。每一步都要不同的部门来执行。

以前，团队1完成步骤1，然后团队2才能开始步骤2，但这并不是必须的。负责步骤1的员工的大多数时间都在收集第5步以后才用到的信息。但由于为流程人为设置了先后顺序，在步骤1完成以前没人能开始步骤2。再造完成后，只要步骤1收集到了步骤2所需的信息，步骤2就可以开始启动。当步骤 2、3 和 4 都在进行时，步骤 1 还继续收集步骤 5 所需的信息。结果，该公司将履约供货时间缩短了 60% 以上。

我们之前已经遇到了另一个将流程从严格的先后顺序里解放出来的案例，就是柯达的新产品研发流程。新流程中不需要等到产品设计完工之后才能启动生产模具的设计。只要做出了基本的产品设计，模具工程师就能工作，不仅是开始他们自己的工作，而且可以影响其他的产品设计流程。

"非直线化"流程可以从两个方面加速工作。首先，许多工作得以同时进行。其次，缩短流程中早期步骤与晚期步骤的时间间隔，可以减少工作出现重大改动，而正是这些改动往往导致早期工作作废或者晚期工作不匹配。这样，公司就减少了重复劳动，也就减少了延迟。

◎流程包含多个版本

我们将再造后流程中的第四个常见特点称为"终结标准化"。原有的流程是意图为大众市场提供大规模制造产品，所有的输入都会经历相同的处理，这样公司可以产出统一、一致的输出。

新流程包含多版本或多路径，其通常会先设置一个"分类鉴别"的步骤，用来决定某个情况下应该采用哪个版本。IBM 信贷就有"分类鉴别"，其为信贷发放流程设置了三个版本：一种是很直接的信贷申请（完全由电脑执行），一种是中等难度的信贷申请（由交易设计人来执行），最后一种是困难的信贷申请（由交易设计人在专家顾问的帮助下执行）。

我们知道，如果有人想要对他的房屋做一些小的改进，那他需要等待市政委员会召开听证会，要等 6 个月之久，但当最后轮到处理他那份申请的时候，仅需要 20 秒就可以通过审批。他的申请只是一份房屋手绘草图，却需要与投资巨大的办公楼开发商所提交的成堆蓝图、计划书和材料明细

表一起等待审批。如果市里再造了建筑审批系统，那就可能可以用两种或三种流程代替单一流程：一种针对小项目、一种针对大项目，还有一种针对中型项目。简单的"分类鉴别"可以通过预先设定的门槛为项目分流，这样就能将小项目的申请快速又有效率地分配到正确的分类。

通常，传统的适用于所有情况的单一流程会非常复杂，因为为了处理各种情况，这种流程必须包含特别的例外程序。相比而言，多版本的流程简洁许多，因为每个版本的流程只需要处理与其相适应的案例，每个都没有例外。

◎最合理地选择执行工作的一方

再造的第五个常见特征是跨组织边界的改变工作。传统公司中的工作都是围绕分工展开——这不仅发生在工厂里：会计专职记账，采购员专职采购，于是，当会计部门需要新铅笔时，就要由采购部门进行采购。采购员找到铅笔供应商、谈判价格、下单、检查货物，然后付钱——最后会计才能拿到铅笔，除非供货商铅笔缺货了，采购决定买钢笔代替。

这种流程很昂贵，因为它涉及许多部门，还要加上追踪所有文件和协调各部门的管理成本。我们知道有一家公司进行了一个对照实验，发现买3美元的电池需要浪费100美元的内部成本。它还发现35%的采购订单金额都小于500美元。

如果采购金额低于500美元，公司再花费100美元内部成本就不合算了，于是公司决定将采购的职责授予流程中的"客户"。换言之，会计——还有其他人——现在可以自己买铅笔了。采购部已经谈好了价格，然后将批准的供货商列表交给会计，所以会计知道应该问谁买、付多少钱。公司为每一个操作单元都配发一张信用卡，包含500美元的信用额度。每个月末，信用卡发卡银行会给公司发来所有的信用卡交易记录单，于是公司记入总账，为会计买的铅笔支付信用卡账单。

其结果就是，需要买东西的人可以更快、更好地收到货物，公司花费的流程成本也远少于100美元。这个例子就是我们所说的"由流程的客户来执行部分或者全部流程"，以此消除转手与管理，也降低了成本。

有一个类似的例子，一家电子设备生产商通过将部分维修工作转移给它的顾客，以此再造了公司的售后服务流程：现在由顾客自己完成一些简单维修，不需要等待维修人员带着备用配件上门。现在生产商将一些备用配件存储在顾客那里，并通过一套电算化的配件管理系统进行管理。每当有问题出现，顾客可以联系这家生产商的现场服务热线，向一名诊断人员描述问题，诊断人员可以操作电脑检索问题。如果这个问题能由顾客自己解决，诊断人员就会告诉顾客，应该替换哪些配件，如何安装。之后，生产商会去取走旧配件，并再留下一套新配件。只有当顾客解决不了问题时，维修人员才会出面。

然而，有时候由供货商来帮助顾客处理部分或全部的客户流程，会比顾客自己处理更有效率。例如，纳威司达国际公司将一些工作交还给了供货商。纳威司达不再管理安装到它卡车上的轮胎库存，而是将仓库管理交给固特异轮胎公司，因为固特异在管理轮胎库存方面比纳威司达更专业。固特异可以看到纳威司达按需采购了固特异、普利司通和米其林轮胎。

对于纳威司达公司来说，这种转变是终极的流程简化：纳威司达再也不用管理轮胎库存了。由于固特异（供货商）远远比纳威司达（顾客）擅长仓库管理，使得仓库里的库存量从22天下降到5天。

换句话说，再造之后，流程与企业会与以前看上去截然不同。跨组织边界的转换工作，可以提升总体的流程表现。大多数再造都需要将相关的独立组织单元的工作整合起来，而如果将工作进行跨组织边界迁移，正如上述案例，就可以不需要这种整合。

◎减少检查与控制

通过再造可以最小化另一种不能增加附加值的工作，那就是减少检查与控制。或者更准确地说，只有在经济上划得来，流程再造中才会使用监控。

传统流程充满了检查与控制的步骤，这些步骤不能创造价值，只是用来确保人们不要滥用权限。例如，在一个典型的采购流程里，采购部门需要检查物品订购人的签名，以确保那个人获得过用账单金额购买所订物品的授权，此外还需要检查预算是否足够支付订单。所有这种检查的目的就是保证订购人不会买不该买的东西。

虽然目的值得称赞，但是许多公司都没有意识到严格控制所导致的成本。检查需要花费时间和人工；实际上，花在检查上的时间和精力比实际采购所花的还要多。更糟的是，检查的成本可能超过所订购物品的成本。

再造流程平衡了监管与成本。再造流程并不要求严格控制，而通常是采用"聚合监管"，或者延迟监管。这种监管体系故意容忍较小的、有限度的错误使用权限，延迟检查，或者聚合检查的模式而不是检查个人事例。这种再造后的监管体系可以大幅度减少控制成本和其他负担，充分补偿可能的滥用职权后还绰绰有余。

让我们思考一下之前描述过的基于信用卡的采购流程。与传统的流程相比，这种流程几乎就没有监控了。公司的内部审计可能会担心，也许各部门要用信用卡开始购物狂欢。也许人们会狂买办公用品然后逃到巴西去了。但是，这样的担心是多余的，因为这个再造的流程实际上有一个监控点。当信用卡账单与部门预算核对时,当部门经理检查支出时,就可以发现未经授权的采购。由于信用卡的额度是有限的,所以流程设计人认为,为了消除传统流程中的管理成本,在新流程中有限度地开放采购权限是更好的办法。(我们也应该牢记,即使是旧的流程也远远无法避免滥用职权。)

一些汽车保险公司在处理理赔时也采取了类似方法。以前,保险公司派出理赔员和鉴定人来评估汽车损坏的程度,并确定保险公司愿意赔多少钱用于汽车维修。这个控制步骤是为了确保汽车修理厂不要虚报费用或者进行不必要的维修。然而公司雇佣理赔员需要支付不少薪水,而且他们会拖慢流程,所以容易惹恼理赔申请人——这些愤怒的客户通常都会起诉公司。

于是,一些保险公司对于小事故就不安排理赔鉴定。他们让理赔申请人到一家保险公司认可的修车厂去,然后公司会支付那家修车厂给出的全部所需的维修费。那么保险公司如何避免支付虚报费用呢?他们会定期检查修车厂的费用,将这些费用与正常标准以及其他修车厂模式进行比对,就能基本得出这家修车厂的模式。如果修车厂要价太高,就会收到公司警告:如果你们继续乱收费,那么本公司就会将你们从"合作修车厂名单"中去除,你们就拿不到我们客户的业务了。即使修车厂可能在短期乱收费,保险公司也乐意接受,因为理赔后直接维修的流程降低了成本,其好处远远抵消了偶尔乱收费,客户也高兴了。

◎最小化核对协调

流程再造可以最小化另一项没有价值的工作:核对协调。通过减少对外联系点的数量,就可以减少由于接收到不一致的数据而需要进行的核对协调。本书第二章中福特公司的应付账款就是这种例子。

福特公司原先的应付账款流程包含了3个与供货商的联系点：采购部门下订单时，收货处填写接收单时，还有应付账款部门拿到费用清单时。3个联系点意味着有许多核对不上的机会。采购单可能对不上接收单或者费用清单，3种单据里的任何一种都可能对不上其他的。通过取消费用清单，福特将对外联系点从3个减少到2个，单据核对不上的概率减少了2/3。结果就是，应付账款部门原先做的许多核对和协调的工作就不需要了，这就意味着应付账款部门可以大幅精简了。

另外还有一个例子：沃尔玛对帮宝适产品库存的再造。帮宝适是宝洁公司开发的一种一次性的纸尿裤，相对于它的价值来说它体积太大，过于占据仓库空间。沃尔玛将帮宝适存放在配送中心，商场里缺货了就从那里调货。当配送中心的库存处于较低水平时，沃尔玛就会向宝洁公司订购纸尿裤。

管理库存需要掌握微妙的平衡。库存太少就可能卖断货，顾客不高兴，销售受损失。库存太多会占用太多资金、增加仓储成本。不仅如此，库存管理本身就是昂贵的行为。为了提升业务能力，沃尔玛联系了宝洁公司，认为宝洁公司拥有全国消费者的产品使用模式和零售商的订购数据，所以宝洁公司也许能比沃尔玛更好地管理帮宝适在不同仓库之间的物流。于是沃尔玛建议，宝洁公司应该要负起责任，告知沃尔玛什么时候要订购帮宝适，订购数量应该是多少。每天，沃尔玛会告诉宝洁公司，它的配送中心送出了多少货到超市。宝洁公司需要在合适的时候告诉沃尔玛应该进货了，要进多少。如果这个建议合理，沃尔玛就会批准，然后宝洁公司就会将货品送去配送中心。

一段时间以来，这个新安排运行得非常顺利，于是沃尔玛建议宝洁公司跳过订购建议的步骤，在宝洁公司认为沃尔玛需要货的时候就直接送货。

换言之，沃尔玛将库存补货的功能交给了供货商，这就体现了本书之前提到的跨组织边界迁移工作的原则。在本例中，这个边界是跨公司的，而不是公司内部跨部门。两家公司都因此得益。

沃尔玛减少了维持帮宝适库存的成本。库存管理更有效率，因为宝洁公司的确比沃尔玛做得更好。于是，沃尔玛的库存减少了，而卖断货的情况也少了。降低了的库存水平为沃尔玛配送中心腾出了地方，而且也降低了流动资金占用。实际上，现在库存管理甚至已经简单到这种地步了：沃尔玛支付帮宝适货款之前，货物已经从沃尔玛配送中心运到超市，被消费者买到了手里。当沃尔玛支付货款时，用的是消费者购买商品所付的资金。无论我们是将这种情况称为"负的库存持有成本"还是"无穷大的资本利润率"，这对于沃尔玛来说都是好事。

沃尔玛拥有许多纸尿裤供货商，但是宝洁公司通过执行库存管理流程为它的纸尿裤增加了价值。这样，宝洁公司就受到了沃尔玛的青睐。作为优先供货商，宝洁获得了沃尔玛超市里额外的货架空间，而且在终端过道显示器上获得了额外广告。这个再造流程对于宝洁公司内部来说也有重大好处。首先，宝洁公司现在有了需要的信息，能够更好预测销量，于是就可以更有效率地安排生产和物流。沃尔玛的配送中心获得的帮宝适供货不再是不常规的大批量供货，而是持续的小批量供货。一些其他的生产商与零售商的合作（比如利维·斯特劳斯与它的客户）也采用这个办法，称为"持续补货"。

宝洁公司从新安排中获得的第二个好处是"最小化对外联系点数量"，在这里是指宝洁公司的应收账款流程。以前，应收账款的工作是要核对顾客订单、付款金额，还有供货商自己的费用清单。理论上必须要核对准确，但现实情况并不总是理想情况。当核对不上的时候——比如，当近期售价变动后——就会出现协调黑洞，不仅会消耗巨大的精力，而且还会损害供货商和客户的关系。然而，宝洁公司现在与沃尔玛只有两个应收账款的联系点：费用清单与付款金额。沃尔玛不再发出以前的订购要求，现在是由宝洁公司自己决定。这样，错误和协调都大大减少了。

◎由一名案例经理提供单点联系

再造流程中另一个常见的特点是安排一名专人管理，我们将其称为"案例经理"。当流程中步骤太复杂，或者不可能将所有步骤都整合交由一个人或者一个团队执行时，就需要专人管理。虽然一个人无法执行整个流程，但是案例经理可以作为复杂流程与顾客之间的缓冲，这在顾客看来，就好像是这名专人在负责执行整个流程。

这个角色的任务就是回答客户问题，处理客户问题。这名案例经理需要有权限访问流程中所有执行者使用的信息系统，能够联系这些执行者并询问他们问题，并在有必要时寻求进一步的帮助。

我们有时将案例经理称为"授权的"客户服务代表，以便将他们与传统的客户代表区别开来，因为传统的客户代表获取不了多少信息，对任务执行者的影响力也不大。而授权的客户服务代表则拥有足够的职权。位于北卡罗莱纳夏洛特的一家公用事业公司杜克能源公司里，案例经理呈现给顾客的是一套整合的客户服务流程，处理所有客户问题的同时隐藏了流程中的复杂现实。

◎混合"集中化"与"分散化"的运营

公司进行再造时，可以将"集中化"和"分散化"的优势都集中在同一个流程中。我们在第五章惠普公司的案例中会讨论这个问题，惠普使用了标准的采购系统和共享的数据库，使得公司获得了这两者的益处。

信息科技的发展愈发使得公司的各个单元能自治运行，而整个公司仍然能够享有中心化带来的规模经济。例如，为现场销售代表配备能够无线上网的笔记本电脑，就能让销售代表获取公司中心办公室或者公司总部的信息。与此同时，还可以对他们用于签发销售合同的软件进行一些设置，防止销售代表在合同上写下不合理的售价，或者避免承诺送货等公司无法满足的条件。拥有了这项科技，公司就能够再造销售流程，取消官僚臃肿的地区现场办公室，提升销售代表的自治权和职权范围，同时也能提升公司对售价与销售条款的控制力。

许多银行设立了不同的部门向同样的客户（比如大企业）销售不同的产品。一个部门销售传统的贷款业务，另一个部门销售资产融资，第三个做信用证明，第四个做养老金管理服务。这种去中心化的结构是要确保每一个部门都专注于自己最擅长的产品和服务，同时也推动企业性质的自治。但这也导致了混乱。

这种细分的结构中，每个人都只看到市场中窄窄的一条，但没有人将顾客当成整体，于是各部门之间的间隙导致了重要的聚合问题。比如，一家银行为某个客户设定了2000万美元的信贷额度，然后让各个自治的单元去执行。每个部门都放款了——总额就超过了2000万美元的额度，导致银行对于这名客户的敞口是限额数字的好多倍。管理层只有在这名客户破产以后才知道银行贷出了多少金额。为了避免这类问题，一些银行设立了全银行所有执行单元都能访问的客户数据库。每一个单元都将他们知道的客户情况和他们与客户的关系输入数据库，然后每个单元都将数据库作为客户信息来源。这样，自由独立行动的部门也可以在没有官僚中央管控的情况下协调他们各自的行动。

我们解说上述案例，以及指出再造后企业流程中常见特点的目的，是提示所有的再造流程看起来都一样，或者说重新设计流程是很直接的事情。没有什么能比事实更有说服力。当然并不是每一个再造流程都拥有我们之前列出的所有特点。事实上也根本不可能包含所有的特点，因为有些特点是相互冲突的。其实，创造新设计需要具备洞察力、创造力和判断力。流程再造后，进行职位设计和组织结构设计时也需要这些能力。我们下一章就关注这个话题。

REENGINEERING
THE CORPORATION

第四章　　　　　工作新世界

我们已经反复强调，再造需要彻底重新设计公司的业务流程。但是，虽然再造是始于重新设计流程，但流程却不是终点。业务流程的根本改变对公司的许多其他部分和方面都有影响——其实是影响了公司的每一个部分。

流程再造之后，原本狭窄的、基于任务的工作进化了：以前按部就班工作的职员，现在需要自己做选择和做决定；装配流水线工作消失；职能部门失去了存在的理由；经理不再像监管者，而更像教练；员工更多关注的是客户的需求，而不是他们老板的需求；由于有了新的激励，员工的态度和价值观都改变了。基本上，公司的所有方面都改观了，而且通常是大幅改观。

让我们仔细看看，当公司再造业务流程时会发生哪些改变。

◎工作单位改变——从职能部门转变为流程团队

实际上，企业再造就是将许多年前亚当·斯密和亨利·福特分解成小碎片的工作再放回到一起。再造后，流程团队——执行整个流程的、在一起工作的一组人——才是最符合逻辑的组织人员执行工作的办法。流程团队里不包含职能部门的员工代表。相反，流程团队替代了陈旧的部门结构。虽然存在许多不同种类的流程团队，不过我们本书中所称的"团队"是特指"最符合逻辑的流程团队"。

我们可以思考一下公司处理订单的流程（或者对待新产品的想法、保险理赔流程等）。这种流程需要经过许多不同的人处理，但是那些人并没有被有组织地整合起来。他们散落在公司的职能部门里，包括不同的部门、团体、小组等。这种分裂会导致许多问题，尤其是导致不同员工产生不一致的目标。一个人可能关心的是库存周转率，另一人只关心配送时间。

替代的办法是，同样由这批人处理订单、新产品或理赔，但是不将他们分散在不同部门，而是将他们放到一个团队里。我们不必改变他们所做的事情，但我们不让他们四散在公司各处，而是让他们聚在一起工作。某种意义上说，他们是被人为分散的，我们只不过让他们回到一个团队里。当他们重聚在一起，我们称他们为流程团队。换句话说，流程团队是自然聚在一起完成一整件工作（流程）的一个单元。

流程团队可以有许多种，而只有工作性质正确的才是我们所说的团队。我们将其称为"个案团队"，正如我们在上一章讨论的贝尔大西洋公司，他们将一批拥有不同技能的人集合在一起完成常规、重复的工作——例如处理保险理赔或连接电话客户。例如，以前当贝尔大西洋公司的客户要求电话开通长途通信服务时，这个要求在贝尔公司的一个部门转到另一个部门，需要花费两周到一个月的时间才能完成。贝尔大西洋公司再造了流程，将不同职能部门的人放在一个"个案团队"里，现在这些人不用花费数周，而是只用数天甚至几个小时就能处理客户需求。由于个案团队的工作是重复性的——他们日复一日处理类似的客户需求——于是团队里的人基本上就永久地在一起了。(我们在第十三章还会更仔细讨论贝尔大西洋公司。)

另一种流程团队的寿命比较短,因为这批人聚在一起是为了完成一种特别的、不定期的任务。我们将这种团队称为虚拟团队。例如,柯达的新产品设计流程就需要许多拥有不同能力的人——快门设计师、镜头专家、生产专家和其他人——他们需要聚在一起进行新相机的设计。但是,当相机设计完毕投入生产以后,这个设计项目就结束了,虚拟团队解散,团队成员转到其他项目和团队里。员工也可以同时成为不止一个虚拟团队的成员,将工作时间分配在不同项目上。

IBM信贷公司(我们在第二章也提过)使用了第三种的流程团队:类似个案团队,但成员只有一个人。再造之前,当IBM信贷为潜在客户设计贷款时,需要信用部门做信用检查,定价部门定价,业务部确定其他的条款和条件,然后最终的合同是由合同编制部完成的。这些部门的人将文件传来传去,错误和延误就不可避免。但是当公司再造了交易设计流程,就将四个不同的功能整合起来,用一个部门替代了四个部门。许多新部门的员工(被称为交易设计人)就是以前的那些专职人员。

IBM信贷不是简单地将四种专业人员放到一个流程团队里,而是更进了一步。现在,每个"交易设计人"都可以从头至尾照看整个交易。IBM信贷认为,虽然以前的工作需要在专职人员之间转手,但经过培训并使用在线数据库的职员,一个人就可以完成90%以上的工作。再派一些专家顾问帮助交易设计人,就能完成余下的工作。IBM信贷的流程团队就是一个人的团队——我们将其称为"个案工作者"。

67

◎工作改变——从简单任务转变为多层面工作

流程团队的成员会发现他们现在的工作与之前的工作大不相同。无论是蓝领或白领，流水线式的工作都非常专一——也就是反复执行同一个任务。那种工作也需要一些培训：比如，如何在印刷电路板上插入一个部件。有的工作也需要昂贵的教育，比如，设计相机快门的人需要拥有机械工程专业的大学学位。但是，当他们在执行任务时（例如装配一台电脑或设计一种相机），无论是装配工人还是机械工程师都不需要知道（甚至根本不会关心）整个流程。

流程团队的成员，现在不是为自己的小任务负责，而是与其他成员一起为流程负责，工作就与以前不同了。他们与团队成员一起分担了执行整个流程的职责，而不是只负责小碎片任务。现在他们每天不仅需要使用多种技能，而且还必须考虑长远的大方向。虽然不是所有的团队成员都执行同样的工作（毕竟他们各自有不同的技能），不过他们之间的界限是模糊的。每一名团队成员都至少需要对所有的流程步骤做到基本熟悉，而且很有可能需要执行好几个步骤。

IBM信贷就是一个再造后工作改变的明显例子。原有的工作是专职人员做一项任务。新的交易设计人则执行许多任务。他们是多面手，他们的工作是多方面的。

当柯达公司再造产品设计流程后发生了什么呢？镜头设计师，以前是狭隘地仅专注镜头设计，现在设计镜头时还需要考虑相机整体，这意味着他不可避免地需要为其他方面贡献设计，而他自己的设计也会被其他人的设计所影响。镜头设计就不再是仅仅一名设计师的事了，这个工作就转变成了多层面工作。

有时，再造流程会在不同种类工作的边界之间迁移。例如，原先公司中的工程师需要为制作营销宣传册的人提供数据，而现在工程师则自己设计营销宣传手册。这些工程师比市场营销人员更懂产品，而且他们自己也会使用设计软件。现在的市场营销人员的工作转变为工程师的顾问。两组人的工作（工程师与市场营销人员）都拓展了。

当单一任务转变成为多层面工作后，也同样变得更接近工作的本质。再造不仅去掉了无用功，而且还去掉了不产生价值的工作。大多数检查、协调、等待、监控、跟踪（这些非生产性的工作之所以存在，是因为公司内有各种边界，流程被人为分割），它们都被再造所消除了，这意味着人们能够花更多的时间去做真正的工作。

再造之后，工作变得更令人充实，因为员工从工作中得到了更大的完成感和成就感。实际上他们执行了整个工作（一个流程或一个子流程），按照定义它能产出人们关心的结果。流程执行人拥有许多企业家式的挑战和回报。他们专注于客户，客户满意是他们的目标。他们不仅是为了博取老板高兴，或者为了职位升迁而工作。

而且，工作变得更有意义，因为这些工作包含了更多的增长和学习。一个流程团队环境中，个人发展不是指职位升迁，而是扩展视野——学习更多东西，以便于能完成流程中更大的部分。再造之后就没有"精通"工作这种说法了；随着员工技巧和经验的增长，他们的工作也随之扩展增长。

而且，由于再造流程中的工人将更多时间花在能产出价值的工作上，无价值的工作少了，所以他们对公司的贡献也相应增加。其结果就是，再造后员工的薪水更高了。

然而，再造后员工的工作除了有如此众多好消息之外，也会更具挑战性的方面。如果工作更令人满意，那么也就更有挑战性、更困难。大多数陈旧、常规的工作都被取消了或者自动化了。如果说旧模式是简单任务需要简单的人,那么新模式就是复杂任务需要聪明人,这也提高了工作的门槛。再造后就无法发现多少简单、常规、固化的工作了。

◎人们的角色改变——从"被控制"转变为"被授权"

基于任务的传统公司要求雇用的员工循规蹈矩,而再造后的公司则不想要因循守旧的员工;它们要的是能够建立自己规则的员工。管理层希望团队能够担负起完成整个流程的责任,所以也必须给予团队授权,能让他们做出与工作有关的决定。

以下这个案例阐述了授权的性质和回报。一名顾客向一家大型酒店的门卫抱怨,说他的车停在酒店的车库里,结果雷达探测器被盗。酒店已授权那个门卫执行客户服务,于是他询问雷达探测器多少钱,然后将顾客领到酒店前台,对服务人员说:"给这个人150美元。"大家都惊呆了,但这名顾客很满意。两个星期之后,酒店总经理收到了这名顾客的来信,说他在自己车尾行李箱中发现了雷达探测器。信封里还有一张150美元的支票。信末的附言是:"顺便提一句,我从此以后不会去住其他连锁酒店了。"

公司必须给再造后在流程中工作的员工授权。他们是流程团队的成员,公司不仅应该允许他们,而且应该要求他们思考、互动、判断,以及做出决定。IBM信贷和柯达公司再造流程之后,就不再需要令人讨厌的监管者和经理了。设想,一名IBM信贷的交易设计人正在处理不同阶段的多个案子,他希望尽快处理完。突然来了一名监管者要检查他的工作进度。真正的工作戛然而止,交易设计人从满足客户需求转向满足监管者需求。此外,柯达公司镜头部门的主管何时"批准"镜头设计?相机设计完工之前,镜头设计都不会完工。监管批准只会拖慢流程。

无论团队只有一个人还是很多人,执行流程工作的团队都不可避免地需要做出自主决定。他们在责任范围之内（事先确定的截止日期、生产性的目标、质量标准等）可以决定如何以及何时完成工作。如果他们必须要等待监管者指导他们的工作，那他们就不是流程团队。

授权是流程再造后必然导致的结果。如果不授权流程工作者，就不能再造流程。所以，再造的企业必须在雇佣员工时考虑附加的标准。仅仅看重应聘者的学历、培训和技能还不够，还需要看他们的性格。他们能不能自主行动？他们能不能自我约束？他们会不会主动去做让客户满意的事情？

再造和授权会对公司雇用员工的类型产生重大影响。

◎工作准备的变化——从培训转变为教育

如果说流程再造后的工作要求人们不要因循守旧，而是要自己判断应该做哪些正确的事情，那么员工们就需要接受足够的教育，有能力辨别什么是正确的事。传统的公司通常看中员工培训，即教授员工如何执行一项专门的工作或者如何处理某种特定的情况。公司再造后，重点要从培训转到教育——或者雇佣高学历的人。培训提升的是技能和技巧，教给员工的是"如何"工作。教育提升的是他们的洞察力和理解力，教给他们的是"为什么"。

高露洁公司有一家子公司叫希尔宠物用品公司，它们最近在印第安纳州里士满市建造新工厂之时，便进行了多项流程再造。公司的管理层知道工厂里需要什么样的人，于是准备雇用150人。公司收到了数千份简历，人事部仔细审阅了3000份。确定的最终人选都具有一个相同的特点：他们都没有工厂经验。公司想要的人，大多数曾经从事教师、警官之类的工作，他们都有合适的性格和教育背景。他们缺乏工厂经验，这从表面上看来是缺陷，其实却不是大问题。因为这些人都知道如何学习，所以公司可以将他们招入后再进行培训。

由于工作多元化并且易变化，所以公司不需要只会做单一任务的人，因为工作职责不是狭窄单一的。公司需要的人是能搞清楚工作目的并完成工作的人，是要能使自己适应职责的人。而且，工作职责也在不断变化。公司身处灵活多变的环境，很明显不可能雇用早已什么都知道的人，所以企业再造后，工作中的持续教育就成了常态。

◎专注于业绩衡量与计酬方法的变化——从注重员工行为转变为注重业绩结果

传统公司中的计酬方法是相对直接的：按员工的工作时间长短来付薪水。在传统的运营中——无论是通过流水线生产机器或者是处理文件的办公室工作——单个雇员的工作都没有可以量化的价值。例如，焊接一个接头值多少钱？或者，核实一份保险申请表上的某个数据值多少钱？无法确定这些东西本身的价值。对于公司来说，只有一辆装备好的整车，或者一份新签发的保险单才有价值。当工作被分割成简单任务时，公司就没得选择，只能按照员工执行狭隘任务的效率来衡量员工。问题是，提升执行狭隘任务的效率，不一定能提升流程的产出。

相反，衡量IBM信贷交易设计人的标准，不是看他处理了多少数量的表格文件，而是看最终交易的数量和盈利能力，以及通过客户满意度调查考核交易的质量。当员工在执行流程工作时，公司就能衡量他们的业绩，按照员工创造的价值支付报酬。这种价值可以衡量，因为在再造后的流程里，团队创造的产品或服务有其内在价值。例如，一种新的相机，就有价值；一种快门结构，则没有。

再造也逼迫公司重新思考一些薪酬的基本假设。例如，再造后，一名员工今年的工作业绩不能保证他明年的工作业绩。因此，公司再造流程后，员工基本工资的涨幅相对平缓，只能依据通胀率而微升，大部分的报酬是员工由于杰出的工作表现而得到的奖金，而不是上调固定工资。

再造后，另一个薪酬假设也离开了：不再按职位等级或资历支付薪酬。不再仅仅因为他来上班就要支付报酬；不再因为又过了一年而上调薪酬。这些都没有了。

传统公司根据人们中的职位级别支付报酬——职位越高，薪酬越高——这种方式与再造的原则不一致。传统的方案是，一名员工的薪水与他下属员工的数量或者他掌管的预算规模成正比，这也无法与基于流程的环境相匹配。官僚式细分等级的职位——一级分析师、二级分析师、高级分析师等——狭窄固定每个职位的薪酬范围，这些都应该被抛弃。

公司再造后，贡献和业绩是薪酬的主要基础。以前其实就有先例：即使在传统公司里，分管销售的副总裁的薪水很少是销售组织里最高的——拿到最多报酬的是最有效益的销售代表。一家华尔街投资银行的董事长基本上也不是薪酬最高的人；通常薪酬最高的是明星债券交易员或者货币交易员。

公司再造后需要按创造的价值衡量业绩，计酬方式也应该相应调整。

◎升职标准改变——从注重业绩转变为注重能力

员工工作业绩优良，应该得到奖金作为奖励，而不是升职到新职位。企业再造后，需要明确划分升职与业绩奖励的区别。公司内部的升职需要看能力，而不是业绩。这是一种改变，不是一种奖励。

前进保险公司认为这种区分非常重要，甚至将其写入了年度报告。报告中这样写："我们的核心原则之一是我们根据业绩支付报酬,根据能力提升职务。"如果仔细考虑,这个原则应该显而易见。但是现实中很多公司都没有这样做。如果伊丽莎白是一名优秀的化学家,那么依照传统的思维,她也会是领导化学家的优秀经理。而通常并非如此,伊丽莎白的"升职"会让公司以失去一名优秀化学家的代价获得一名拙劣的经理。

资本控股公司旗下的 DRG 公司是一家保险公司,它将员工的业绩表现与职务晋升区分得很清楚。该公司的高级副总裁帕梅拉·古德温说:"我们区别对待用于确定奖金的业绩评估与升职评估。这样,我们甚至可以使得已经获得杰出业绩的员工也意识到他们还需要进一步的升职和发展。通过将两种评估区分开,我们可以让雇员在头脑中明确二者的不同。"

◎价值观改变——从"价值固守"转变为"价值创造"

正如结构布局需要改变一样,再造也需要公司在文化上发生重大改变。再造要求员工深信他们是为顾客工作,不是为他们的老板工作。然而只有公司的实际奖金评估与此一致时,员工们才会相信。例如,施乐公司不仅告诉员工,他们的薪水是顾客给的,而且用行动将二者联系起来。现在该公司经理的大部分奖金是依据顾客满意度确定。以前,当他们的奖金只取决于他们各个部门的表现时,经理们会为过错、权限和资源相互论战。现在,这些内部的争斗消失了,因为经理们已经将他们的关注点转到了最大化顾客满意度上。

一家公司的管理制度(支付员工薪水的方式、评估他们业绩的衡量标准等)是塑造员工价值观和信念的首要方式。

不幸的是,仍然有太多的经理相信,要想塑造员工的信念体系,他们需要做的就是要明确一些冠冕堂皇的价值观,然后演讲宣传。仅仅创造出企业价值观口号并无用处，那只是一阵风。如果没有管理制度的支持，大多数的企业价值观口号都只是一堆空洞的陈词滥调，只会增加员工的不信任。为了使员工重视那些宣传册，价值观口号必须得到公司管理制度的支持。口号明确了价值观；管理制度赋予价值观生命和企业内的真实感。

当然，高级经理必须亲自践行这些价值观。如果一名高管说关心顾客很重要，然后每周都亲自花一小时时间与顾客通电话，那么即使对顾客来说通话时间不长，但其对企业的价值是不可估量的。这一小时是一种象征，表明管理层对价值观的承诺，以此希望每个人都身体力行。

一些传统公司内有一些企业文化价值观，专注的是过往的工作表现、强调监控，将等级制度奉为神明，这些都是分割的管理制度的副产品。无论这种公司的价值观口号是什么，他的管理体系实际上支持的是以下这些：

- 我的老板支付我的薪水；口头上说服务客户，真正的目的是取悦老板。
- 我只是无名小卒；我的最佳战略是低头行事，不出头指挥。
- 我的直接下属人数越多，我就越重要；管的人最多，权力就最大。
- 明天将会像今天一样；天天都是如此。

问题是，上述这些价值观和信念并不能提升以顾客为中心的公司业绩。它们与企业再造后的新流程不匹配。除非价值观改变，否则无论新流程设计得如何完善，都不会起作用。改变价值观与改变流程一样重要，都是再造的一部分。

公司再造后，员工必须拥有如下信念：

- 我们所有的薪水都是由顾客支付的；我必须想方设法满足顾客所需。
- 本公司所有的工作都是必需的、重要的；我的确能有所作为。
- 仅仅出勤是不够的；我按照我创造的价值获得报酬。
- 我要担起责任；我必需直面问题、解决问题。
- 我属于团队；我们荣辱与共。
- 大环境一直在变化，所以持续学习是我工作的一部分。

◎经理从监管者转变为教练

公司再造后，曾经复杂的流程变得简单，而曾经简单的工作变得复杂。例如，IBM信贷曾经需要4个或5个不同员工才能完成的信贷发放流程，现在只需要一个人：一名交易设计人就可以完成所有事情。所以，现在公司经理不再将文件从一个部门拿到另一个部门，而是花更多时间帮助员工完成更丰富、更高要求的工作。

无论是只有一个人或者包含许多人，流程团队都不需要老板；他们需要教练。团队会询问教练的建议。教练帮助团队解决问题。教练虽然不亲自执行，但他们与员工紧密联系，帮助团队完成工作。

传统的老板安排工作、分配工作。团队自己完成分配到的任务。当工作从一名任务执行人转到另一个人时，传统的老板需要监督、管控、检查这些工作。企业再造后就不需要传统的老板了。经理必须从监管者的角色转换到促进者、推动者的角色，经理的工作是提高员工的技能，以便让员工能够执行增值的工作。

这种管理才是真正的职业。传统的做法不仅低估了员工的工作，也低估了管理。低估工作，是因为传统做法认为员工能获得成功的唯一办法是成为经理。这暗示着经理比实际工作更重要。传统做法还说，任何员工，只要工作出色就可以当经理。

实际上,管理是一种特殊的技能(就像工程或销售),优秀的实际工作技能与成为优秀的经理之间并无关联。凯西·施滕格尔仅仅是一名平庸的棒球手,但他成为了一名伟大的管理者。相反,大多数伟大的球员都只能成为糟糕的管理者。

企业再造后,经理们需要具备优秀的人际交往技能,必须为别人的成就感到骄傲。这种经理是导师,他们提供资源、回答问题、关心员工的长期职业发展。这一角色与传统意义上多数经理的角色都不同。

◎组织结构改变——从等级制度转变为扁平化组织

当一整个流程成为一个团队的工作后,流程管理成了团队工作的一部分。以前需要经理和经理的上司开会做的决定与跨部门事务,现在由团队在正常的工作流程中自己决定并解决。将做决定的权力下放到一线职员意味着减少了经理的传统角色。公司不再需要传统的"胶水"管理来将工作粘贴起来。企业再造后,不再需要那么多人马将分割的流程放回到一起。经理少了,管理层级也少了。

传统的公司中,组织结构是一个大问题,在这一问题需上要花费大量的精力。为什么?因为要想解决种类繁多的议题,要想回答种类繁多的问题,都需要通过组织结构这一机制。

我们知道,传统公司的基本单元是职能部门,是一批批执行相似任务的人。传统公司就是由以各种方式组织起来的职能部门所组成的。依照公司的不同,其组织方式也不同。所谓的职能公司中,所有相关的职能部分都被聚集到单一的职能业务部里:所有的销售部都被放到了一个销售业务部里。在一个由战略业务单元组成的结构里,职能部门是按市场来划分的，所以，举例而言，一家公司可能会有"机构业务部"或者"西海岸业务部。"

设计组织结构需要花费许多精力，因为公司的结构决定了许多事情，从决定公司的工作如何组织，到实施监督和管控。公司的结构决定了公司内沟通的路线，决定了做出决策的等级制度。

然而，企业再造后，组织结构就不用那么臃肿了。围绕流程组织工作，团队执行流程工作。沟通的路线呢？员工们需要与谁沟通都可以。控制权已经被授予了执行流程的人。

于是，企业再造后的组织结构倾向于扁平化，执行工作的人在团队中相互平等，且拥有许多自治权。此外，公司中还存在少量经理支持团队工作——再造后所需的经理数量很少，因为以前一名经理通常只能监管7名员工，但现在作为教练他能够支持近30人。如果经理与工人的比例是1∶7，那么公司必然需要等级制度。如果这个比例是1∶30，就不需要许多等级。

当人们向IBM信贷的高级副总裁史蒂芬询问再造后的公司组织结构图时，他回应道："我们是有一个图，但我们从来不去看。"IBM信贷公司的结构已经变成了一个短语："一群做事的人。"这样的公司不需要依赖上传下达的结构来回答问题。再造后，结构问题的重要性大幅减少。

◎高管的改变——从记分者转变成领导者

另一项由再造而引发的改变是公司高级管理人员的转变。更扁平的公司让高管们与顾客们离得更近，与执行增值工作的员工离得更近。企业再造后，工作成绩更多依赖于被授权员工的态度和努力，而很少依赖于基于任务的职能经理。所以，高级管理人员应该成为领导者，用言语和实际行动影响和促进员工的价值观和信念。

虽然不对执行流程的人实施直接控制，高管也对再造后的流程表现负有整体责任。拥有某些自治权的员工在教练的指导下工作。高管履行义务的方式是确保流程设计能使得工人完成需要的工作，而且公司的管理制度能激励员工——这就需要合适的业绩评估和薪酬制度。

传统的公司中，高管与实际运营相互分离。他们基本上只能通过财务数字审视公司运营：这个季度公司有没有达到这个数字？而作为再造后公司的领导者，他们靠近了真正的工作。他们在塑造流程以及激励员工时，就需要密切关心工作是如何完成的。橄榄球队教练不会对球队扔下这些话："我要求你们赢50分。上场去比赛，比赛结束的时候，向我报告结果。"虽然教练不会上场比赛，但是教练密切参与制定比赛计划、关注球员表现。企业再造后，高管也应关注员工表现。高管应该远远超过记分员的作用。

让我们总结企业再造业务流程后发生的改变：工作当然改变了，一起改变的还有执行工作的人、这些人与他们经理的关系、他们的职业路径、评估员工和计酬的方式、经理和高管的角色，甚至员工头脑里思考的事情全都变了。简略地说，再造业务流程最终几乎改变了公司里的一切，因为他们——员工、工作、经理和价值观——都是联系在一起的。我们将其称为菱形业务系统的四个点。菱形的最高点是完成工作的方法，即业务流程；第二个点是工作和结构；第三个点是管理和评估体系；第四个点是文化，即员工的价值观和信念。

这些连线是关键。菱形业务系统的最高点（业务流程）决定了第二个

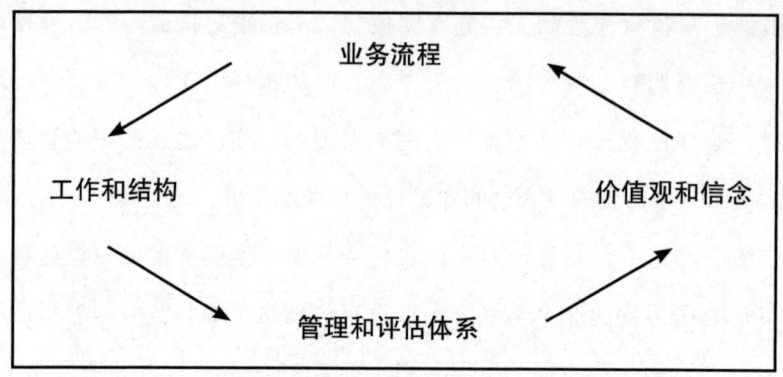

菱形业务系统图

点（工作和结构）。执行工作的方式决定了员工工作的性质，也决定了如何分类组织执行工作的人。例如，传统公司里执行工作的流程是分裂的，这就会导致狭窄细分的工作以及产生基于职能部门的组织。再造将流程整合起来，就可以让工作多元化，其最佳组织方式是成为流程团队。

同样，公司应该采用合适的管理制度来招聘、评估和支付薪酬给那些执行多方面工作的员工和团队成员。换言之，由流程决定的工作和结构又顺序导致了菱形的第三个点，即公司必须具备的管理制度。

这套管理制度（即如何支付员工薪酬、如何评估员工业绩等），是塑造员工价值观和信念的最主要原因。价值观和信念就是菱形的第四个点。所谓价值观和信念，我们指的就是公司里的人认为重要的、他们非常关心的问题和顾虑。

最后，支配企业的价值观和信念必须能够支持业务流程。例如，如果流程设计者希望新的订单履约流程能够得到快速准确执行，那么必须要执行的人都相信速度和准确性很重要，新流程的优势才能得以体现。这就将我们带回了菱形的最高点。我们再次强调，再造不仅仅只是重新设计流程这一项。菱形业务系统中的四个点都需要相互匹配，否则公司就有缺陷，会扭曲变形。

实际上，所有的公司，甚至包括传统公司，都有菱形业务系统。我们可以将再造看成用新的菱形代替陈旧黯淡无光的菱形。

企业再造中有一部分话题我们已经触及，但没有展开讨论，那就是信息技术所起的作用。信息技术是企业再造必不可少的一部分，下一章将予以阐述。

REENGINEERING
THE CORPORATION

第五章　再造之促进者——信息技术

如果公司不能充分利用信息技术，就无法再造；将科技等同于自动化，公司无法再造；出现问题后再试图利用科技解决问题的公司也无法再造。

信息技术在企业再造中起到了关键作用，但是其角色定位很容易出现偏差。应用最先进的信息技术是再造的一部分，由于信息技术使得公司有能力再造业务流程，所以我们在第二章里将其称为必不可少的促进因素。但是，正如常说的金钱与政府的关系一样，对于已经存在问题的公司，仅仅将电脑甩给员工并不能促进再造。实际上，错误使用科技反而会强化原有思维方式和原有行为模式，从而阻碍再造。我们在第二章讨论过IBM信贷、福特和柯达公司，想象一下，如果那些公司仅仅增加了电脑的使用会发生什么。

为了加速原有的缓慢冗长的信贷发放过程，IBM信贷可能会使用电脑将处理不同任务的5种专职人员连到一起。由于不需要将纸质文件从一个专业办公室拿到另一个办公室，这个方法的确可以加速旧有流程。但是，此方法却无法根除电子表格等待另一个部门处理的时间，而这才是最浪费时间的地方。通过使用电脑处理流程，公司也许可以实现10%的改进，而再造可以提升 90%。

同样，福特也许可以简单地将付款流程电脑化。这样，按照公司高管的预测，他们可以精简应付账款部门 500 人中的 20%。然而，通过再造流程，他们削减了 80% 的人工成本。

柯达公司假如仅仅为其产品和模具设计师配备最先进的 CAD 工作站，也许可以减少几天的产品研发时间，但是永远达不到再造流程所带来的缩减约 50% 的时间。

学习归纳式思维

商务人士需要使用一种他们没有学过且不擅长的思维方式，才能体会到现代信息技术所蕴含的的力量，并设计出先进科技的应用方式。大多数高管和经理的思维是推论式的：他们擅长先定义问题，然后寻找并评估不同的解决办法。但是，在企业再造中应用信息技术需要使用归纳式思维，首先想到一个有效的解决办法，然后寻找出这个办法所能解决的问题，这种问题也许是公司事先不知道的。

福特公司的经理原先认为，他们的问题是需要找到一个"如何用较少人手快速处理货物费用清单"的办法。而他们最后发现的办法则让他们彻底取消了费用清单。IBM 信贷原先以为他们的问题是"如何加速不同专职人员之间的信息移动"。而信息技术让公司取消了专业分工的职位，于是根本不需要让信息移动了。柯达公司原先以为，问题是"如何让设计师快速工作"，以便后续设计步骤能够早些启动。而他们的科技解决方案几乎不再需要后续设计了。

从现有流程的视角审视科技的作用是大多数公司的根本性错误。他们问的是："我们如何使用这些新科技来增强、简化或改进我们正在做的事情？"然而，他们应该这样问："我们如何利用科技来做一些我们以前做不到的事情？"再造不同于自动化，再造是创新。再造是利用最先进的科技实现全新的目标。再造里最难的部分就是思考创新的、不为人所知的科技用途，而不是在旧流程里使用科技手段。

即使是 IBM 的创始人托马斯·沃森也曾经犯过这常见的短视症，因为他宣称全世界所需要的用来处理数据的电脑数量总计不会超过 50 台。20 年后，小型机开始得到应用，但大型主机制造商和企业电脑经理却还都把小型机当成玩具。又过了 10 年，个人电脑获得了同样的待遇："我们用大型机已经能够满足需求了，"传统的思维这么想，"所以我们为什么需要小型的电脑呢？"正如我们现在看到的，这个答案是：小型机，之后是个人电脑，它们不是用来做大型机已经做的事情，而是创造出了全新的应用。

以推论方式思考科技，不仅会导致人们无视真正重要的应用，而且还会让他们对于事实上无价值、不重要的科技应用感到兴奋。例如，不久以前，有人想出了一个将个人电脑与电话整合在一起的主意。这种整合起来的机器可以节约桌面空间，也比分开购买电脑和电话便宜。的确如此，将把两种机器结合到一起并没有实现应用能力上的突破。它无法让人们做到以前做不到的事情。所以这至多也只能算小进步。

人们不会归纳式思考科技应用，这既不是新问题，也不仅局限于普通人。早先许多人认为，电话机的最大潜力在于减少农民妻子的孤独感。托马斯·爱迪生在发明了留声机后，说他认为留声机的价值在于允许"临终之人"记录他们最后的愿望。收音机的发明人马可尼将收音机当成一种点对点传输的无线电报；他没有想到无线电具有成为广播媒体的潜力。静电复印技术也是如此，拒绝购买复印机专利的 IBM 公司错过的是一家比 IBM

自身更加成功的企业。

20 世纪 50 年代末，当施乐公司进行第一台商用复印机"914"的基础研发之时，他们在资金上陷入了困境，于是想将该项目变现卖掉。施乐公司意图将专利转让给 IBM，于是 IBM 雇用了一家位于马萨诸塞州剑桥的 ADL 咨询公司来做市场调研。ADL 公司的结论是，即使这种革命性的复印机能够占有当时 100% 的文件复制市场（利用复写纸、重书写技术和胶版印刷技术），仍然无法补偿进入复印机业务所需的投资额。基于这份当时最佳的证据，IBM 决定拒绝购买施乐的专利，不进军复印机业务。虽然预测很悲观，但是施乐公司决定继续下去，他们认为会有其他人发现复印机的用处。

我们现在知道——这真的很明显——复印机的威力不在于取代复写纸和其他当时存在的复制技术，而在于能够提供这些技术无法企及的服务。914 复印机创造了一个前所未有的便捷复制市场。复印机发明之前，人们并不认为将现有文件复制 30 份分享给同事们也是一种需求。由于以前人们无法便捷、低成本地复制 30 份文件，所以没人会说这是一种"需求"。

我们所见的这些由科技创造出的原先做梦也想不到的应用，可以用萨伊定律来解释。萨伊是 19 世纪初的法国经济学家，他观察到：在许多情况下，新供给本身就会创造需求。人们不知道他们想要某些东西，直到某天他们看到他们能够拥有那些；然后他们觉得再也离不开了。个人电脑之父、现苹果电脑公司的艾伦·凯伊这么说道："一项重要的科技首先会创造一个问题，然后解决问题。"没人"需要"914 复印机——没人知道他们有一个问题能用复印机解决——直到 914 复印机出现后人们才意识到。然后，这个潜伏的、未公开的需求突然就变成无法抗拒的真实。

所以，仅仅问人们如何在业务中使用科技并无用处。他们必然会回复说那种科技可能可以改进他们已经在做的任务。如果向人们询问到底是喜欢玻璃瓶装牛奶还是纸盒装牛奶，这种问题是有用的，因为消费者熟悉牛奶和两种容器，所以他们可以说出自己的偏好和理由。然而，如果市场调研员在复印机还没有上市时询问人们对复印机的看法（以前的确就是这样做的），那么调查对象会说：不值得花钱去买只能代替复写纸的机器。

类似的，如果一家市场调研公司询问一名经常商旅出差的人如何让旅行更便捷，他可能会回复说他希望能更快地到达机场，或者也许向往拥有一架私人飞机。他不会说的是他想要一架《星际迷航》里那种瞬间移动的机器。他不会那么说，因为他根本想不到那种机器。当市场调研公司向他提及商务旅行时，这名商业旅行者的头脑里想到的是熟悉的流程：去机场的路上塞车了、排长队、蜷缩进座位、吃糟糕的食物。那些是他意识到的问题，是他要想办法解决的。而科技真正的威力是为他没有意识到的问题提供答案——例如，如何完全取消空中旅行。

索尼公司之所以取得巨大成功就是得益于遵循以下基本规则：为一个还没有上市的商品做市场调研是没有用的。当索尼的开发人员想要发明随身听时，管理层并没有通过市场调研来判断消费者是否会拥抱这种产品。管理层知道，人们无法对不知道的事情做出合理判断，所以索尼公司根据开发人员对人们需求的洞察以及这项科技的能力，为随身听项目开了绿灯。结果，随身听不仅满足了人们"如何在某地听音乐"的想法，而且还更进一步变成了"随时随地听音乐"。

更重要的一点是，需求以及渴望是人们基于可实现之事的理解，而科技突破则可以让人们做梦都想不到的事情得以实现。大多数企业都没有能够意识到科技背后的商业潜质。即使我们能理解人们的这种思维缺点，它却不应该成为过错的借口。

再举一个远程电信会议的例子。远程会议技术可以让身处异地的人们通过特殊的设备听见和看见对方，就像在同一个房间里一样一起工作。一开始，大多数公司认为远程电信会议的价值就是减少差旅成本，也就是人们不用飞来飞去也能碰面。然而在这一方面，远程会议并没有凸显出价值。因为，人们旅行去与其他人见面的原因多种多样。一次旅行，无论是去到城镇的另一头还去是到国家的另一端，其行为本身就说明人们见面讨论的主题中含有重要的信息。面对面的见面中，那些非语言的沟通可能比说出口的句子更重要。于是，远程电信会议几乎无法降低企业的差旅成本也就不足为奇。

但是这并不意味着远程电信会议没有价值。其价值在于改变了如何工作，而不是减少成本。例如，我们知道有一家公司利用远程电信会议将其产品研发周期缩短了6个月。这是如何做到的呢？

这家公司的工程人员和市场营销人员身处两个不同的州，所以每个月一组人都要飞到另一处，面对面解决问题。现在，公司安装了远程会议设备，不过工程人员和销售人员仍然要飞去每个月见一次面，因为他们发现无法通过视频设备解决所有的问题。远程会议的设备过于冷冰冰，无法替代人与人的握手。但是，工程人员和销售人员却能够利用远程会议每周一次进行讨论；以前无法做到每周例会，因为每星期出差很不方便、浪费时间，也增加成本。

在每周的远程会议上，这两组人可以跟进他们上次面对面会议时讨论的重点任务，而且还可以让更多的人参与讨论。实现远程会议之前，高级经理很忙，无法每个月花3天去开会（去的路上需要花费一天，开会花费一天，回来再要用一天），而为初级职员参与项目购买飞机票又太贵。所以，只有中层职员飞去面对面开会。有了远程会议之后，所有的人都可以每星期"见面",保持消息灵通,获得一些常规问题的答案。这样,产品开发人员和销售人员保持更高频的联络,问题得以尽早尽快解决,面对面会议也少有死胡同,项目更快完工,产品更加适销对路。

简而言之,对于这家公司来说,远程会议的价值在于能让公司做一些以前无法做到的事情:让市场营销人员与设计师每周都能保持联系。推广远程会议的人并没有想到这种应用,因为他们自己也没有打破陈旧推论式的思维模式。

再次强调,科技的真正威力不是让旧有的流程更好工作,而是能使得公司打破旧规则,创造新的工作方式——那就是再造。

为制造土星汽车建立全新工厂时,通用汽车公司就抓住时机摆脱了旧工厂的局限,再造了流程。其结果是,对于土星汽车工厂有远大抱负的通用汽车公司利用信息科技打破了规则。

坐落在田纳西州斯普林希尔的土星汽车厂拥有一个在线生产数据库,供汽车配件供货商查询。这些配件供货商不再等着通用汽车发给他们订购单了,他们自己去查询土星汽车的生产计划。然后,他们自己着手按需把合适的零件送到装配厂。例如,在查询了通用汽车下个月计划生产多少汽车以后,土星汽车的刹车供货商就知道如何安排他自己的生产和送货日程。现在刹车供货商自己需要负起责任,在早上 8:30 的时候将与土星汽车相匹配的刹车送到合适的工厂门口,堆放成一排。工厂里没有人会主动要求供货商送货。

这个流程里不需要纸——没有订购单,没有费用清单。送出配件以后,供货商会给工厂发去一份电子信息,说:"我们已经把配件送给你们了。"当装货的箱子到达时,收货员用电子扫描器扫描箱子上的条形码。电脑会告诉收货员应该将这批货送到工厂哪个地方。扫描后,通用汽车会就会付款给供货商。

本质上，信息技术——在本例中，是生产日程数据库和电子数据交换（EDI）——使得汽车工厂和供货商衔接得就像一个公司一样，削减了这两个公司的管理成本，也打破了所有公司里最古老的隐形规则：要将供货商当成敌手。

实际上，我们推荐的让人们采用归纳式思考科技的办法，体现于流程再造之时，就是"打破常规"：找到一个长期规则，或者找到通过这种科技能够打破的规则，然后思考打破规则后能够创造什么商业机会。例如，远程会议打破的规则：相距很远的人们无法经常见面，而且见面成本高。现在，那些人只花费较低成本就可以经常见面，地理位置上的分隔不再是阻碍。

如果能洞察科技的真正威力，那么公司就拥有了强大的工具，有能力改造业务流程。它不仅可以用于产品研发，还可以应用到许多领域和流程上。许多超市（比如沃尔玛和凯马特）都采用远程会议系统让公司总部为超市现场经理提供指导和建议。远程会议使得他们将超市现场主动权与总部专门知识结合起来。

IBM信贷、福特和柯达也是利用科技打破了常规。无论是明确的规则，亦或是隐性规则，这些规则刚被制定出来的时候既不愚蠢也不荒谬。这些规则是人们从经验中得出的智慧。以前，只有出现无法预料之需求的时候，聪明的工厂经理才会由于没能提前订购零部件而造成配件短缺。出现这种情况的次数并不多。所以，在以前没有预测技术时，这种做法非常合理。但是，出现了新科技后就能打破这种依靠足够存货来保证满足需求的规则。

这是科技的颠覆性威力，对于寻找竞争优势的公司来说，至关重要的正是这些打破"规定我们如何工作之规则"的能力。

第五章 再造之促进者——信息技术

以下展示一些额外的工作规则，这些规则有些是我们熟悉的，有些不一定熟悉，但它们都能被各种技术所打破。

旧规则：在某个时间，信息只能出现在一个地方。

颠覆性技术：共享数据库。

新规则：信息可以同时出现在许多需要的地方。

我们需要清楚意识到，纸质文件对业务流程结构会产生不利影响。当信息被存储在纸上，放进文件夹时，某个时间只有一个人能够使用。并不总是能够复制纸上的信息并分发给员工，而且复印必然会导致出现多份文件，最后还会导致文件版本不一致。所以，用到这个信息的工作几乎就需要排好顺序，一个人用这个文件完成工作以后，将文件夹递给排队的下一个人。

数据库技术改变了这个规则，允许许多人同时使用信息。

例如，保险公司中 A 职员在计算一名申请人的保险费率，同时 B 职员检查申请人的信用——这两名职员都在使用同一个申请人的信息——因为这两名职员的工作不需要相互依赖，所以可以使用同一条数据库信息。数据库技术允许同一时间、不同地点都可以访问同一个文件，所以能将流程从人为造成的排队中解放出来。

旧规则：只有专业人士才能执行复杂的工作。

颠覆性技术：专家系统。

新规则：多面手也可以做专业人士的工作。

20 世纪 80 年代早期，当企业可以应用专家系统技术时，多数公司只想到了最直接和简单的应用。他们将专家的专业技术录入电脑软件，从而将高度复杂的专业工作自动化了。这是一个非常愚蠢的主意，理由有几点：这项技术还没有达到完全代替专家的程度；我们还是需要保留一些专家，让专家们继续学习，在他们的领域深耕；况且，为什么那么聪明的人要将自己的知识分享给一个电脑，用来取代他们自己呢？

不过，一段时间之后，一些老练的公司意识到了：比起让电脑变得聪明，不如让电脑帮助人们不要犯傻。专家系统技术的真正价值是，它能让相对来说无特长的员工也几乎能做到高度专业人士做的事。

例如，一家大型化工公司为其所有的客户服务代表都配备了专家系统，通过该系统可以得知产品特性和产品之间的相互关系。每当有客户询问时，这套系统就帮助销售人员将客户提问当成向客户推销另一款产品的机会，而之前只有最好的销售人员才能进行这种交叉销售。

得到集成系统支持的多面手能完成许多专业人士的工作，这就对我们如何组织工作产生了深远的影响。正如 IBM 信贷的例子，在系统科技帮助下，一名个案工作者就能从头至尾处理流程中的所有问题。由于取消了传统顺序流程中的转手、延误和错误，只需单一个案工作者的流程能够在执行周期、准确度和成本方面取得数量级的改进。

旧规则：公司只能在集中化和分散化中二选一。

颠覆性技术：电信网络。

新规则：公司可以同时获取集中化和分散化的益处。

商务人士"知道"，如果想让那些远离公司总部的制造工厂、服务设施和营业部高效运行，那么就需要将它们当作独立、分散、自治的组织。为什么？因为，如果每次现场出现问题都要回到总部寻求答案，那几乎什么都干不成——就算能干成一点点也迟了。按照经验，通常只有让现场人员自己做决定，工作才能做到最好。

如果公司依靠的是旧科技来回传递信息（邮局、电话甚至是隔夜快递），他们也必须牺牲一定的中央管控才能实现现场运营的灵活性和敏捷性。

然而，新科技将公司从这种两难中解放出来。宽带通信网络能够让公司总部实时获取与外地办事处相同的信息，实时看到外地办事处看到的画面，反之亦然。有了这种共享的能力，每一个外地办事处都可以是总部的一部分，总部也可以是每一个外地办事处的一部分。这意味着公司可以在集中化、分散化或集中分散组合中自由选择最能匹配市场的安排。

总部位于加利福尼亚帕洛阿尔托市的惠普公司是仪器设备与电脑系统的设计制造商，它就利用信息科技打破了长久以来只能在集中化和分散化里二选一的规则。

惠普的大多数工作都高度分散化，比如材料采购。惠普公司授权它的运营部门自行采购的权力，因为那些部门最了解他们自己的需求。但是，分散化的优点（灵活性、定制化、敏捷性）也是有代价的（缺少规模经济、削弱了管控）。分散化的采购意味着惠普公司无法享受供货商的批发价折扣。惠普估计每年他们采购原材料额外多花了 5000 万到 1 亿美元。集中采购也无法"解决"高成本问题，因为这又会导致反应迟钝和官僚主义。最后，惠普公司找到了第三个办法，采用了一套通用采购软件系统。

惠普公司的新方法是：每个生产部门继续自行订购自己所需的配件，但是现在都要用一套标准的采购软件。通过这个软件系统将数据都输入到一个新的数据库里,以便让公司采购部监督。采购部门代表惠普公司所有的部门与供货商谈判大合同和批发价折扣。采购部门能做到这些,是因为数据库已经将各部门的计划与实际采购的完整信息都给了采购部。一旦订立了批发合同,各部门的采购人就去检查数据库,向签好合同的供货商下订单。

新流程让惠普公司获得了集中化(批发价折扣)与分散采购(各部门满足自己需求)二者的优点。

富有想象力地使用信息技术可以将单独设立分支机构的管理成本降低,银行业已经开始采用这个办法了。以前,银行将支行当成损益点(盈利或亏损),但现在许多银行将支行看成是销售网点,而不再是自给自足的机构。有了自动取款机和其他大容量实时网络设备,顾客在支行进行的交易会瞬间出现在银行总部的账簿里。由于现在支行变成了销售点,银行就可以在不放弃对业务进行中央管控的前提下让员工亲近客户了。

  旧规则:所有的决定都由经理来做。
  颠覆性技术:决策支持工具(访问数据库,建模软件)。
  新规则:做决定是每个人工作的一部分。

等级化的决策制度是陈旧工业革命模型的一部分。执行一项任务的职员只需要完成任务,不需要思考或做决定。做决定的特权预留给了管理层。导致这些规则的,除了工业化封建思想之外,还有其他原因:经理拥有更多的信息,所以的确比低层职员拥有更广阔的视野。想必是这些更好的信息让他们做出了出色的决定。

但是,现在等级化决策制度的成本已经高得无法承受了。每件事情都需要层层上报，这意味着对于快节奏的市场来说，决定做得太慢了。今天，公司会说他们意识到，应该授权一线员工自己做决定，但是不能简单给予人们做决定的权力。他们还需要工具帮忙。

有了现代的数据库技术，原先只有经理知道的信息，员工也可以知道了。将数据与简单易用的分析和建模工具结合起来，培训合格的一线职员就瞬间拥有了高水平的决策能力。这样就能更快地做出决定，更快地解决出现的问题。

旧规则：现场人员需要到办公室去接收、存储、检索和传送信息。
颠覆性技术：无线数据通信和便携式电脑。
新规则：现场人员无论身处何地都能收发信息。

有了宽带、无线数据通信和便携式电脑，任何职业的现场人员就不用跑回办公室，他们几乎身处任何地点都能获取、浏览、操作、使用和传输数据。

无线数据通信技术类似于电话，两者的重要区别是，现在使用者不仅能传送声音，而且能传送数据。有了愈发小型化的终端和电脑，人们无论身处何地都能与信息源相连接。例如，奥的斯电梯的服务人员就随身携带便携设备。他们修理好电梯之后，会当场更新客户服务记录，然后通过调制解调器将信息传回康涅狄格州的公司总部。安飞士公司也将同样的原则应用在其汽车租赁业务上。当一名顾客把车还到安飞士的停车场时，配有手提电脑的一名服务人员会来到车前，找出租车交易记录，然后输入租车费用。租车顾客不需要去办公室付钱。

早前我们说过，宽带通信能让公司打破"外地办事处必须自治"的规则。而无线数据通信则更进一步，公司可以完全取消外地办事处了。对于工作进度报告、保险理赔调节和设备现场维修咨询之类的工作，现场员工不再需要寻找固定电话或者台式电脑也能利用手提电脑完成工作。现在，现场人员知道的事情，顷刻之间公司总部也能知道，反之亦然。

旧规则：接触潜在买家的最好办法是人际关系接洽。

颠覆性技术：互动视频。

新规则：接触潜在买家的最好办法是有效沟通。

一些公司开始使用互动视频技术，它可以让观众在电脑屏幕上观看一段视频，然后观众可以在屏幕上提问，电脑系统会自动回答问题。一开始，这种技术被用来培训员工，但是互动视频的潜力远远不仅如此。

例如，一些零售商正在试验让互动视频来协助零售。顾客进到店里，从屏幕菜单上选择一个产品，观看一段视频介绍，提问题，然后可以用信用卡付款——所有这些都不需要人工干预。这个流程也许看上去冷漠无情，但是还是受到顾客欢迎，因为以前顾客要等待销售员老半天，最后才发现那名销售员根本什么也不懂。

银行开始用互动视频向顾客解释他们愈发复杂的服务，顾客可以向机器提问，让机器澄清他们不懂的问题。此外，某些信息最适合通过视觉来呈现（例如，房地产信息）。互动视频可以让有兴趣的买家游览整栋房子，如果客户需要，还可以让他们回看主卧室，所有这一切都发生在房产中介的办公室里。

旧规则：你需要自己去找出东西放在哪里。

颠覆性技术：自动识别和追踪技术。

新规则：东西自己会告诉你它们在哪里。

与无线数据通信结合之后，自动识别技术可以让物品（如卡车）实时告诉你它们在哪里。你不需要去找它们，当你想让它们去到某处，它们瞬间就得到了命令。司机不再需要等开到下一个休息站时打电话给应急车辆调度员报告自己到达何处了。

如果公司实时了解卡车、火车或服务技工在哪里，那就不需要许多冗余储备。以前，寻找在途中行进的车辆和人员并要求他们改道都会造成时间延误，所以需要冗余的人员、设备和材料，但现在这一切都不再需要。

例如，一些铁道公司使用了卫星系统来定位某个时刻的某辆火车。以前追踪火车的方法需要将车厢刷上类似条形码那样的记号。当火车经过火车站时，一部机器可以读取条形码（至少理论上可以），然后将火车的位置信息传送到总部。我们说这是"理论上"的，因为这套系统从来都没有派上用场。毫不奇怪，条形码上布满了尘土和污垢，所以根本无法读取。现在有了卫星定位系统，铁道公司就可以像追踪隔夜快递包裹那样精准地追踪运货车厢。

旧规则：定期修正计划。

颠覆性技术：高性能计算。

新规则：即刻修正计划。

成本不断下降的计算能力为公司创造了新的应用可能。举一个制造商的例子。以前，制造商收集产品销售、原材料价格和可用性、劳动力供应等数据，每月一次（或者每周一次）制定主要的生产计划。然而，一台电脑，加上销售点终端，加上商品市场，也许还有天气预报的实时数据，再加上其他的信息源，就可以实时调整计划来满足实时需求，而不是历史需求。

从以上例子中，我们应该清楚地看到，科技进步会打破更多业务的规则。今天看来仍然不可侵犯的规则，可能在一年后就过时了。

因此，利用科技潜力来改变公司业务流程以便大幅领先竞争对手，这并不是一次性事件，也不是公司偶尔才做的事情（例如每十年一次）。相反，关注新科技，学习如何将其应用到公司内，这些就必须是不间断的努力——就像需要持续研发和持续营销一样。这需要训练有素的眼睛和想象力丰富的头脑发现乍看上去对公司没有用处之科技的潜力，或者当一项科技表面上只能实现小幅改进时，能看透其表面发现创新的应用。

如果公司想要在科技不断进步的时代获得成功，那么就需要将利用科技的能力作为公司核心竞争力之一。那些能更好识别并意识到新科技潜力的公司，就可以持久扩大对竞争者的优势。

我们认为，如果你能买到一种技术，那这种技术就不算是新的。我们赞同"科技的韦恩·格雷茨基流派"。格雷茨基在28岁的时候就成了北美冰球联盟历史上的最佳得分王。别人问他是什么让他成了伟大的冰球运动员，他出人意料地说："因为我是朝着冰球将要去的地方滑过去，而不是朝冰球现在的地方滑。"科技也一样。如果依照目前能在市场上买到的技术来制定战略，就意味着这样的公司总是要追赶那些已经预料到科技能力的竞争者。那些竞争者在技术被发明之前就知道如何利用这些技术，所以一旦技术发明成功他们就会部署应用。

美国运通信用卡公司的图像处理技术可以将原始收据的数字化图像传送给企业信用卡持有人和他们的会计部门；克莱斯勒汽车公司用它的卫星通信系统帮助汽车经销商更好管理库存；这些应用科技非常成功的公司，在市场上能买到某项技术之前就主动要求拥有这项技术。年复一年，克莱斯勒公司都会向相关机构发去概述公司所需技术的《需求方案说明书》；最后有一个机构做出了回应，提供了克莱斯勒公司所需的技术。拥有科技之前，克莱斯勒公司的管理层就知道他们要用科技打破什么规则。

公司不能今天一看到新科技，第二天就部署应用，因为还需要花时间去学习、理解科技的重要性，构思其潜在应用，说服公司内部使用它，然后再计划部署。如果公司在拥有科技之前能执行完这些准备工作，那么就必然能在竞争中取得大幅领先——许多情况下，能快 3 年以上。

企业完全可能在科技上领先市场三年。因为科技从实验室到被市场认可需要时间。所有三年后能被市场认同的科技，都已经存在于今天的实验室。即使技术开发者还在为原型迭代，聪明的公司也能搞懂他们将会如何使用技术。

现代信息技术是实现再造所必需的促进因素，所以无论如何强调信息技术对于流程再造的重要性都不为过。但是公司需要注意，再造的必备促进因素并不只有科技这一个。

企业再造就是一段从熟悉领域进入未知的旅程。这段旅行需要从某人、某地开始。那个人是谁？从哪里开始？这些问题我们在下一章探讨。

REENGINEERING
THE CORPORATION

第六章　　　　　　　　谁来再造

公司不会自动再造流程，流程再造需要有人推动。在我们深挖流程再造是"什么"之前，我们需要知道是"谁"来再造？公司如何选择和组织进行再造的人，是成功的关键。

我们与执行再造的公司一起工作时，见过以下的角色，有的是独立职位，有的是职位组合。

- 再造领导者：一名能授权和激励所有再造项目的高管。
- 流程负责人：一名负责再造特定流程的经理。
- 再造团队：专注于再造特定流程的一组人，他们诊断现有流程的问题，监管重新设计新流程，监管执行新流程。
- 督导委员会：由高级经理组成的制定政策的团体，以制定公司全部的再造战略并监控再造项目的进展。
- 再造总顾问：一名负责设计再造技巧和工具的人，他还需要使得公司中各个独立的再造工程之间实现协同效应。

理想世界中，上述角色之间的关系是：再造领导者任命流程负责人，流程负责人召集起一支再造团队，在再造总顾问的帮助与督导委员会的主持下，完成流程再造。下面我们来详细探讨这些角色和角色中的人。

再造领导者

再造领导者让再造成为可能。他必须是一名具有足够影响力的高管，能将公司查个底朝天，说服人们接受再造所导致的激进颠覆。如果没有再造领导者，公司可以做一些书面研究，甚至可以想出一些新的流程设计的概念；但如果没有再造领导者，再造就无法实际进行。即使能开始再造，一个没有领导人的再造会失去动力，或在准备执行的时候撞到南墙。

通常，再造领导者的工作不是公司指派给某名高管的，而是一个需要高管自告奋勇担当的角色。当某个具有足够影响力的人拥有了重塑公司的激情，想要让公司成为行业最佳，他就可以成为再造领导者，领导企业进行再造。

再造领导者的角色主要是预言家和激励者。他将他希望公司成为什么的远大创想告诉大家，使得大家具备目标和使命感。再造领导者也需要向所有人明确，再造自始至终都需要认真努力。公司从再造领导者的信念和激情中攫取精神能量，开始驶向未知的旅程。

再造领导者也为公司再造"揭幕"。他指派高级经理为流程负责人，统领他们实现业绩突破。他创造新愿景、设立新标准，然后通过流程负责人，引导大家将愿景变成现实。

再造领导者也必须创造出一个有利于再造的环境。仅仅督促人们还不够。公司里任何理性的人，在高管坚持要打破常规、反抗公认的智慧、突破思维定式时，即使不冷笑也会谨慎反应。所以，再造领导者一半的工作是督促流程负责人和再造团队，另一半工作是支持他们，使他们能够执行再造。"要大胆，"再造领导者需要这么说，"如果别人嘲笑你，让他对着我来。如果有人挡了你的路，告诉我那人是谁，我会处理。"

谁来当再造领导者这个角色？需要对流程所涉及的所有利益相关者都具备足够权威的某个人来担任此角色，以便保证再造能够实现。这不一定需要首席执行官。事实上，很少是由首席执行官担任的。多数大型公司中，首席执行官既要费心从华尔街融资，又要应付关键客户，还要与政府和平相处。许多类似事务都会让首席执行官从公司分心，无法专注业务流程。所以，通常这个角色属于首席运营官或者公司总裁，他们的注意力既要向外关心顾客，也要向内关心业务运营。

如果一家公司只计划将再造局限于公司的一个部分，那么可以由稍低等级职位的人担任再造领导者。这个人可以是某个部门的总经理。不过，即使是部门总经理来当领导者，也必须有权力调配执行部门流程所涉及的资源。例如，如果一个部门使用的生产设备"属于"公司的生产事业部经理，而该部门总经理又不向生产部门总经理汇报，那么该部门总经理就没有足够的影响力能够改变生产事务。所以这次的再造领导者需要上层职位的人来担任。相类似的，除非本次再造是完全局限于某职能领域，否则职能部门的管理者（例如销售副总裁或者生产副总裁）通常不适合作为再造领导者。

要成为再造领导者不仅需要合适的职位，还需要合适的性格。雄心壮志、不安于现状和好奇心是再造领导者的特点。公司现状的看守者永远无法唤起再造所需的激情和热情。

再造领导者也必须是真正的"领导者"。我们认为领导者不是强迫人们做某事，而是让他们心悦诚服去做某事。领导不会强迫人们做出他们抗拒的改变。领导者阐明愿景，让人们愿意成为愿景的一部分，甚至热情洋溢地接受实现这愿景所需的痛苦。

摩西是一名高瞻远瞩的领导者（摩西是《圣经》中西伯来人的先知——译者注）。在举目所见尽是荒漠的环境中，摩西说服以色列儿童朝着安乐乡继续前行。一个人无法逼迫所有人进入沙漠，摩西用愿景激励了他们。摩西还做到了以身作则。当他们抵达红海时，摩西说：“我们要走进海中，上帝会为我们分开海水，让我们走过干燥的陆地。”他的追随者看着海水，回答道：“那你先走。”摩西径直走向大海，其他人见状也跟着向前。遇到风险时身先士卒，体现的正是领导力。（这个故事也说明了让你的老板站在你这边的价值。）

再造领导者可以通过"信号""象征"和"制度"来彰显领导力。

所谓"信号"，就是再造领导者向公司发送的关于再造的明确信息：再造意味着什么，为什么我们要进行再造，我们如何再造，还有再造需要花费什么代价。成功的再造领导者知道，无论做多少沟通工作都不过分。演讲一次、两次甚至十次，都无法让人们彻底理解再造。很难让人们消化吸收再造的概念，因为这与他们过往的经验格格不入。许多时候，他们也看不到再造的需求（或者故意拒绝看到）。只有对再造非常认真的人，甚至也许要达到狂热的程度，才能传递正确的信号。温斯顿·丘吉尔将狂热者定义为"不会改变主意也不会改变话题的人"。按照那个定义，再造领导者需要有狂热，因为如果要人们理解并认真对待再造，那么必须不断重复再造信号。

所谓"象征"，就是再造领导者以实际行动强化再造信号，证明他说到做到。指派"最优秀最聪明的人"组成再造团队、拒绝只能带来小幅度改进的设计建议、移除阻碍再造的经理们,这些都是重要的象征式行动。这些行动向公司证明,再造领导者对再造是认真的。

再造领导者也需要使用管理"制度"强化再造信号。这些制度必须要以鼓励员工尝试重大变革的方式衡量和奖励员工的业绩。假如创新失败就惩罚创新者,那么就没有人会再试图创新。作为美国最成功的保险公司之一,前进保险公司就是通过不断创新茁壮成长。该公司首席运营官布鲁斯·马洛如此解释公司的方法:"我们从不惩罚失败。我们只对草率执行和无法认清现实做出惩罚。"

管理制度应该奖励那些尝试好想法但失败的人,而不是惩罚他们。摩托罗拉的座右铭是:"我们歌颂高尚的失败。"一个总是要求完美的公司会让努力奋斗的员工气馁、胆怯。正如伏尔泰写的那样:"完美是优秀的敌人。"

一些再造领导者发现,在非常抵抗变革的公司和企业文化里就无法开始再造。例如,安泰保险公司的首席执行官罗恩·康普顿采取了一系列看上去与流程再造无关的行动来为再造铺路。他创造了新的公司结构,强调主要业务单元应该自治,取消了交叉补贴,安排了一支新的高级经理团队,大幅裁员削减了成本,终结了安泰公司传统的家长式文化。这些步骤没有一项符合我们对于再造的定义,但是它们创造了一个让再造得以成功的环境。康普顿说,他通过这些步骤告诉公司,他已经"烧掉了自己的桥"。他已经废除了旧公司,所以现在公司除了前进之外别无选择。德国有一个短语叫"向前撤",这个短语同时体现了绝望和进取心,这是许多再造领导者认为必须要灌输给公司的观念。

再造领导者应该在再造上花多少时间?毕竟,高管还要关心其他的事情,其中就包括让公司活下去直到再造的结果开始显现。我们用两种方法回答这个问题。就再造本身而言，再造领导者只需要花少部分的时间，通常是进行项目评议，以及进行支持再造的激励演说。与此同时，他也应该时刻想到再造，让再造构成他所做一切工作的基础。

多数的再造失败源于领导力崩溃。如果没有强有力、积极进取、坚定，以及知识渊博的领导，就没有人能够说服公司职能部门的大亨，要他们让职能领域的利益服从于跨边界的流程；也没有人能迫使薪酬和评估制度改变，没有人能强迫人力资源部重新定义他们的绩效评估体系；也将没有人能说服被再造所影响的员工，说服他们除了再造之外没有其他选择，而再造的结果会对得起再造过程的痛苦。

如果一开始没有领导者站出来怎么办？如果最先想到要再造的人的职位不够高，没有足够影响力怎么办？他们必须说服一名领导者赞同再造。这需要智慧、坚持不懈，以及谦逊不抢领导风头。他们需要认准一位公司领导者，设法让领导者觉得有紧迫感，然后将再造的想法告诉他，让领导者将再造当成他自己的事情。

我们目前一直在讨论领导者，因为这个角色对于成功再造至关重要。不是说其他的角色不重要，而是再造所涉及的其他人都没有领导者关键。

流程负责人

流程负责人负责再造一个特定的流程，他应该是一名高等级的经理，通常负责业务、口碑好、做事可靠，且对公司有影响力。如果说，再造领导者的工作是在大方向上让再造发生，那么流程负责人就是在小方向上，在单个的流程层面，让再造发生。当流程负责人所负责的流程经历再造时，他的声誉、奖金和职业前景都与再造紧密相连。

大多数公司都缺乏流程负责人，因为在传统的公司中人们不太会从流程的角度思考。对流程的责任被分散在公司各部门里。这就是为什么至关重要的再造早期步骤就是要识别出公司的主要流程。（我们在下一章里会深入探讨如何识别流程。）

识别了流程之后，再造领导者任命一名再造负责人，由该负责人指导整个再造过程。要想做好再造，他们需要尊敬他们的同事并渴望再造——他们必须不怕改变、不怕模糊的未来、不怕逆境。

流程负责人的工作不是亲自着手再造，而是看着再造逐步实现。该负责人必须召集一支再造团队，想方设法让团队完成流程再造。负责人需要帮助再造团队获得所需的资源、防止官僚化，还要获得流程所涉及的其他职能部门经理的合作。

流程负责人还要为团队提供激励、启迪和建议。他们要成为再造团队的评论人、发言人、监督人和联络人。当再造团队成员的想法开始让公司同事不高兴时，流程负责人要帮团队阻挡其他人射来的箭。流程负责人要勇于挡在前面，以便他们的团队可以专心进行再造。

再造完毕后，流程负责人的工作还没有结束。基于流程的公司，其组织结构的基础是流程，而不是职能部门或地理位置，所以每个流程都继续需要一名致力于流程业绩的负责人。

再造团队

再造的实际工作（那些重活）需要再造团队成员来做。就是这些人要想出再造的办法和计划，通常还要将其变成现实。实际上是再造团队的成员重塑了业务。

讨论这些人是谁之前还有一个注意事项：同一时间，一个再造团队只能再造一个流程，这意味着，如果公司需要同时再造多个流程，那么就需要多个再造团队。我们以下所说的内容适用于所有的再造团队。

你会发现，我们将这些团体称为"团队"，而不是委员会。作为团队，他们应该小一些——由5到10人组成。每个团队都有两种人：内部人士和外部人士。

我们将内部人士定义为他们目前的工作属于再造的流程之内的人：他们来自于流程涉及的各种职能部门。他们了解流程，至少了解他们工作中遇到的部分流程。

但是，了解现有流程，知道公司目前如何运营，这是把双刃剑。熟悉现有流程能帮助团队发现它的缺点，追踪问题的来源。但是，亲近现有流程会阻碍富有想象力的流程创新。

内部人士有时候会混淆"现在是什么"与"应该是什么"。于是，我们要找到的人是那些在公司里工作的时间稍长，以便让他们熟悉流程的人，但工作时间又不能长到让他们认为旧流程很不错。他们不应该习惯于缺乏逻辑的陈旧标准做法。我们也要找到那些既知道规则，也知道如何绕过规则的特立独行者。总体来说，再造团队中的内部人士应该是最优秀最聪明的，是公司里冉冉升起的新星。

除了他们的知识之外，内部人士为再造所带来的最重要资产是：他们的同事信任他们。当他们说新流程有用的时候，公司里曾经与他们共事的人相信他们。当需要实施新流程的时候，内部人士会成为说服公司其他人接受改变的关键。

但是，仅凭内部人士则无法再造流程。他们自己的思维方式可能太狭窄，只局限于流程中的一个部分。再者，内部人士是现有流程和现有公司结构的既得利益者。期望他们在没有帮助的情况下克服他们的认知偏见和制度偏见，想象出全新的工作方式，这未免对他们要求过高。如果仅凭他们自己，一支全由内部人士组成的团队会倾向于将现有种种翻新一遍，也许能实现10%的提升。他们会停留在现有流程的框架内，而不是打破常规。所以，想要了解需要改变什么，团队需要内部人士；但是要做出改变，团队就需要拥有颠覆性的元素。这就需要外部人士。

外部人士的工作并不从属于再造的原有流程，所以他们可以为团队带来旁观者清的客观性和不同的观点。外部人士不怕说出皇帝新衣的真相；他们不怕问出能粉碎原有假设的天真问题，为人们头脑打开激动人心的、重新看待世界的新方式。外部人士在团队里的工作就是要"兴风作浪"。由于外部人士不用顾忌那些被他们制造出的改变所影响的人，所以他们不怕冒险。

那么，外部人士从哪里来呢？按照定义，他们是从流程外部而来，而且尤其是对于一些一次都没有再造过的公司来说，他们可以是公司之外的人。外部人士应该是优秀的倾听者和沟通者。他们必须善于在大方向上思考以及快速学习，因为他们必须在短时间内学会许多关于本次流程再造的事情。他们需要具备想象力，能展望一个概念然后使之成为现实。

实际上，公司内部也可以找到许多外部人士候选人。可以在工程部门、信息系统部门和市场部门里选人，因为具有流程意识和创新决心的人倾向于聚集在上述部门里。如果公司内没有合适的外部人士，也可以找公司外的人，通常可以雇用一家曾经做过再造案例的咨询公司。这些顾问的经验是公司自己难以复制的。

再造团队里需要多少名外部人士呢？关于这点有一些长久的争论，不过我们认为每两名至三名内部人士匹配一名外部人士比较合适。

内部人士和外部人士轻易不好配合。当团队成员各司其职时，不要期望仅靠甜蜜的理性就能解决成员之间的矛盾。团队会议常常充满争论，其实也应该是这样。如果再造过程中没有了争论和冲突，通常也就意味着没有做出创造性的成果。不过，团队成员之间的争论和冲突应该指向一个共同的目标。苏格兰哲学家大卫·休谟说："真相肇因于朋友之间的分歧。"对我们来说，朋友是相互尊重和关心的人。团队成员必须是拥有共同关注点的朋友们，他们的共同心愿是要提升流程的效率，不允许牵扯私人领域和私人议程。

再造团队必须自主。流程负责人是团队的客户，不是老板，应该用团队完成目标的进度作为评估和奖励团队表现的主要标准。而且，团队表现应该是衡量成员个人成绩的最重要单一指标。

要作为一个团队行使职责，团队成员们就需要聚在一个地方一起工作，但这比听起来要困难。如果那些成员们仍然待在他们加入团队之前所工作的办公室里，那就无法聚成团队。实际上，无论成员们待在哪个办公室里，这个团队都无法成形。然而大多数公司在配备设施的时候都没有想到需要协同工作：公司里有许多私用的以及半私用的房间供单人使用，也有会议室，但是没有很多大面积空间能适合团队待在一起工作较长的一段时间。这不是一个小问题，它会严重阻碍团队的再造进展。所以，再造领导者的其中一项工作是要为团队找到或者征用合适的工作空间。

再造涉及发明和发现、创造能力与合成能力。一个再造团队必须不怕模糊的未来。团队成员必须明白犯错误不可怕，但要从中学习。无法以这种方式工作的人不属于这个团队。

传统的公司在解决问题时注重分析，事无巨细。他们非常重视第一次就找到正确的答案。他们铭记的解决问题的模型是"无穷无尽的规划、完美无瑕的执行",所以需要冗长的分析时间,期望能制定出一个连傻子都能执行的、非常完美的计划。再造则正相反,它要求团队大胆创新工作方式,并不断吸取教训反复学习。再造团队成员必须忘记传统解决问题的方式,这对于某些人来说很难做到。

这支再造团队没有正式的领袖。大多数的再造团队会有一名团队长,有时候团队长是流程负责人指定的,但更多时候是团队成员自发拥戴的。团队长不是皇帝,而更像长者,像乔治·华盛顿一开始那样。团队长是团队的促进者和军需官,有时候要作为内部人士,有时候要成为外部人士。他的工作是使得团队成员能够完成工作。团队长要为团队会议安排日程、帮助团队完成计划以及调和矛盾。必须有人处理行政细节事务,例如制定工作计划和假期时间,这些任务很有可能需要团队长承担。不过,团队长的主要角色就是一名团队成员,就像其他人一样。

关于再造团队,我们经常被问及的三个问题是:多少程度?多长时间?接下来是什么?

他们问我们"多少程度?"这是人们想要知道团队成员应该要将他们时间的百分之多少花在再造上。我们对这个要求很严格——不能兼职。每一名团队成员最少也要将75%的时间花在再造上,内部人士或外部人士都必须如此。如果花的时间较少,想做成事就极度困难。而且,工作较少时间就会冒着将再造工作拖得过久的风险,导致失去动力而失败。实际上,我们强烈敦促公司指派团队成员将100%的时间都用在再造上。这样,除了能让团队成员更容易完成他们必须的任务之外,这100%的投入还可以向公司传递强烈的信号,即管理层对再造非常认真。

再造团队不是一个90天的任务。至少在团队成员共同经历新流程第一次试运行之前,团队成员都不应该离开团队,这通常要一年,而且团队成员最好要聚在一起直到整个再造完毕。那么，对于内部人士来说，一旦加入再造团队，就意味着离开现有的任务和原来的组织。团队成员应该割断旧的束缚，以便他们忠心于流程、忠心于再造、忠心于队友。他们所在的再造团队代表着公司的集体利益，而不是他们原来狭隘的部门利益。为了强化这个观点，内部人士不应该期望在结束再造后回到原来的工作岗位。相反，他们应该期望成为新组织的一部分，期望去执行他们自己设计的新流程。最有效的激励就是员工期望在自己亲手再造出的流程里工作。

目前为止我们讨论的是核心再造团队，这支团队对再造负有直接责任。这个核心通常还需要外围的兼职人员和偶然贡献者的补充，这些外围人士对再造的贡献更狭窄、更专业。外围人士的代表通常包括流程的顾客和供货商，他们要确保他们的观点和忧虑能够直接而不经筛选地传递给公司。具备特定领域（例如信息技术、人力资源或公共关系）专业能力的专家也属于外围人士。他们拥有团队需要的信息，而且也可以委派他们执行特定的任务，例如创建一套用于支持新流程的信息系统，或者制定一套沟通计划向公司其他的人描述新流程。这些人花在再造上的时间需视情况而定，不过他们通常是临时安排的。

除了再造领导者和再造团队之外，我们通常还会在企业再造中看到另外两个角色：督导委员会和再造总顾问。

督导委员会

"再造督导委员会"是再造治理结构里的一个可选项。一些公司对其推崇备至，其他一些公司则不是非设立该委员会不可。督导委员会由一些高级经理组成，通常包括但不局限于流程负责人，因为流程负责人需要计划公司整体的再造战略。再造领导者应该担任督导委员会主席。

督导委员会负责的是超越单个流程和项目范围的重要议题。例如，督导委员会需要决定不同的再造工程相互之间的优先级，以及如何分配资源。当流程负责人和再造团队遇到他们自己无法解决的困难，他们就可以向督导委员会求助。委员会成员聆听并解决流程负责人之间的冲突。该委员会有点像最高法院，也像互助社团，还像国会参议院，他们可以做许多事情来帮助众多再造项目获得成功。

再造总顾问

流程负责人和再造团队专注于他们特定的再造项目。那么，谁来负责管理公司内所有不同的再造项目呢？再造领导者有正确的态度，但是缺乏日常管理再造项目的时间，所以他需要一名强有力的帮手。我们将统领不同再造项目的人称为再造总顾问。

再造总顾问是再造领导者的总参谋长。原则上说，他应该直接向再造领导者汇报，但我们见过再造总顾问可以向各种能想到的人汇报。

再造总顾问有两个主要的任务：一、促进和支援各个流程负责人和再造团队；二、协调所有正在进行的再造活动。

一名流程负责人新官上任第一件事就是要知会再造总顾问，因为再造总顾问知道实现再造需要做些什么。作为公司再造技巧"仓库"的"守门人"，再造总顾问应该有一些实现再造的方法要告诉新上任的流程负责人。

再造总顾问可以帮助再造团队选择内部人士，还可以确定（甚至提供）合适的外部人士。再造总顾问还可以就流程负责人可能遇到的主题和问题给出建议。再造总顾问已经走过再造这条路，所以新的旅客就不会觉得寂寞害怕。

再造总顾问也会时刻留意流程负责人，督促他们进行再造时按计划行事。他也可以召集流程负责人并主持讨论。当订单履约流程负责人和原料采购流程负责人需要相互协调时，再造总顾问应该确保他们能协调顺利。

再造总顾问也需要为再造获取一些设施，这样再造项目就不用像公司第一次进行再造那样麻烦了。从实践中得到验证的再造技巧，以及一批有经验的外部人士，这两者都是公司可以从过往经验里获益的方法。还有第三个方法。

如果公司的一些设施要素能在再造进入执行阶段之前就准备妥当，那么执行再造就会顺利提速。其中一项要素是信息技术。通常，在再造项目的早期（甚至在开始前）就能够预测公司需要什么样的信息系统来支持这个再造流程。越早为这些系统安装好硬件，研发出软件（平台），执行过程就越快。同样，如果公司从之前的再造过程中学习到：再造流程需要用到的人很难从内部找到，那么公司在后续的再造开始前，就可以从外部招聘合适的人，为后续项目的经理节省时间和减少痛苦。针对员工薪酬、奖金和业绩评估的管理制度也应该得到改变。再造总顾问的部分工作就是预测到这些需求，甚至在需求出现之前就满足需求。

关于再造总顾问还要注意一点：我们曾经见过再造总顾问变成了一个麻烦，因为他变得权力欲膨胀，忘记了再造领导者和流程负责人才是主管再造的。公司必须要防止出现这种情况，必须时刻牢记，再造工作是业务经理的工作。

这些，就是再造葡萄园里的辛劳者们：再造领导者、流程负责人、由内部人士和外部人士组成的团队、督导委员会和再造总顾问。一些公司可能用其他的名字称呼他们，或者再造的角色定义也可能不同。这都没有问题。再造是一项年轻的艺术，可以有不同的方法。

从本章的"谁来再造"，我们可以引出下一章：再造什么？

REENGINEERING
THE CORPORATION

第七章　　　寻找再造的机会

再造的目标是流程，而不是公司。公司无法再造销售部门或生产部门，能够再造的是这些部门里员工的工作。

再造的目标是流程，但是人们会将其混淆为再造公司单元，因为商务人士熟悉部门、小组，但是不熟悉流程。组织结构图上各个部门清晰可见，但看不到流程。公司单元有各自的名字，而流程通常都没有名字。

本章阐述公司如何识别业务流程，并给出如何选择应被再造的流程和再造的规则，还强调了重新设计流程之前理解特定流程的重要性。

流程不是我们为了写书而发明出来的。每个公司都早有流程。流程就是公司的工作。

公司里的流程对应着自然的业务活动，但通常被公司结构所割裂和掩盖。流程不可见，没有名字，那是因为人们想到的是一个个的部门，而不是涉及许多部门的流程。流程也不受管控，因为人们的职责是管理部门或者工作单元，但是没人对完成整个工作（即流程）负责。

有一个办法可以更好处理公司流程，那就是为流程命名，让流程的名字反映流程开始和结束的状态。这些名字应该要体现出从头至尾所做的工作。"制造"这个词听上去像一个部门的名字,所以更好的命名方法是"从采购到送出成品流程"。其他的一些常见流程和名字可以是:

- 产品研发:从产品概念到产品原型流程。
- 销售:从潜在买家到下订单流程。
- 订单履约:从接受订单到付款流程。
- 服务:从询问到解决需求流程。

正如公司有组织结构图一样,它们也可以有流程图,用来描述工作如何在公司内流动。流程图上也可以创造一些词汇,以帮助人们讨论再造。德州仪器半导体业务就有这样的高层次流程图(简化版)。德州仪器的流程图里引人注目的是4个有趣的特点。

第一个特点是:与德州仪器的公司组织图相比,它的流程图更简洁。流程图上只有6个流程,就涵盖了40亿美元的业务。该公司一名高管如此评论这个图:"在画这个图之前,我们还以为我们的业务非常复杂呢。"在这方面,德州仪器公司并不是特例。几乎没有公司的主要流程会超过10个。

德州仪器半导体部门主要的业务流程是战略开发、产品研发、用户设计与支持、生产能力研发、客户沟通和订单履约。每一个流程都将输入转变为产出。

"战略开发流程"将市场需求转变为经营战略,识别需要服务的市场和提供的产品和服务。"产品研发流程"将"战略开发流程"的产出作为输入,以便产出新产品设计。在一些德州仪器的业务里,通用的产品设计需要依照特定顾客的需求做一些定制改动。"用户设计与支持"流程就创造出这些被称为"合格设计"的产出,而其使用的输入是标准产品设计和客户需求。

第七章 寻找再造的机会

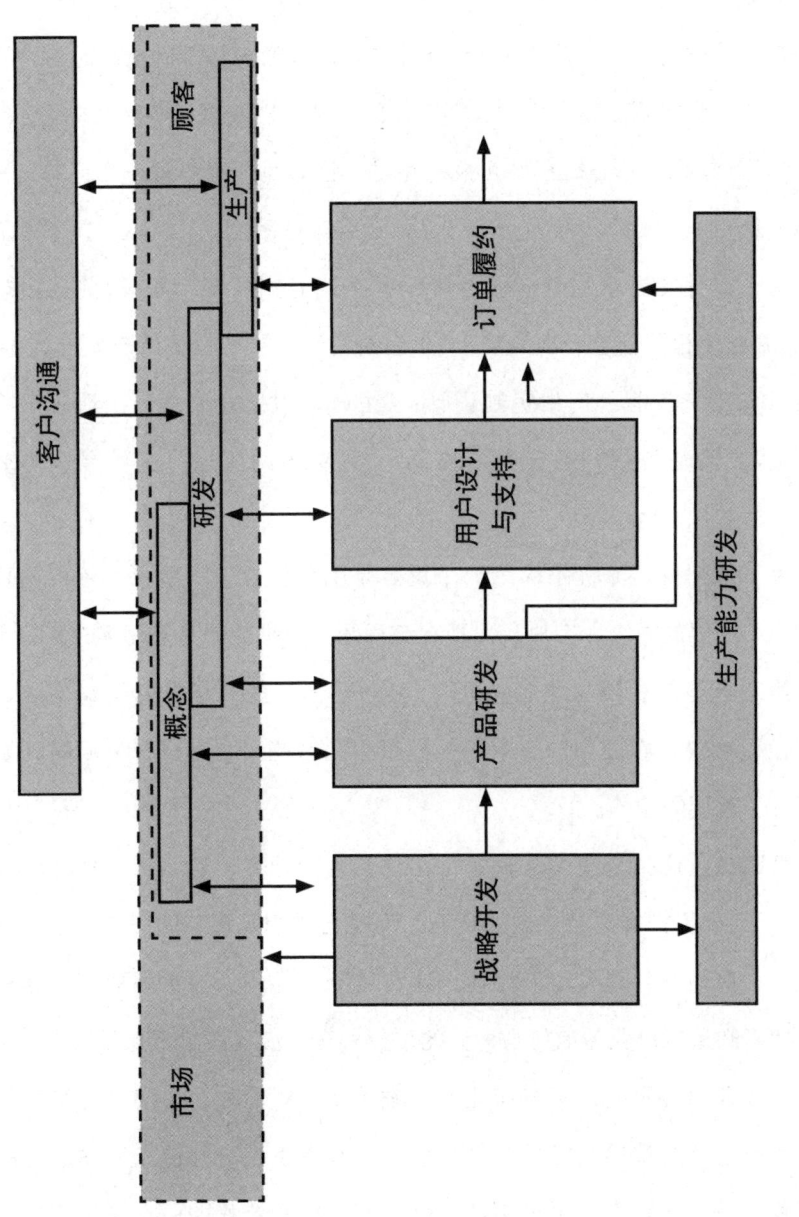

德州仪器半导体业务流程图

德州仪器的流程图还显示了三个高层次的流程。其中两个流程的名字我们可能不熟悉:"生产能力研发"和"客户沟通"。"生产能力研发流程"以一项战略作为输入,产出一个工厂。"客户沟通流程"的输入是客户提问和询问;其产出是提高客户对公司产品的兴趣,以及更好响应客户需求。

"订单履约"是公司获得回报的时候。订单履约流程将一个订单、一个产品设计和一个工厂转变为一个产品,送到客户手上。

这个流程图显示的是一张清晰、完整的德州仪器半导体部门工作图:"战略开发流程"创造一项战略;"产品研发流程"产生总体产品设计;"用户设计和支持流程"产生定制设计;"生产能力研发流程"制造出一个工厂;"客户沟通流程"回答客户提问;"订单履约流程"交付客户需要的产品。

关于德州仪器流程图的第二个重点是图里包含了一些永远不会出现在公司组织图里的内容:客户。出现在流程图正中央的就是公司客户。

第三点是流程图里也包括了"非客户"。这些"非客户"都是潜在客户,他们被包含在图中的"市场"标签里。这些"非客户"为战略开发流程提供了重要的输入。

第四点,这张流程图反映了德州仪器公司把客户也当成"拥有流程的公司"。他们不把客户当成单块巨石,而是当成相互影响的三个流程:概念形成、产品研发,以及生产制造。这种意味着德州仪器重视他们的客户业务,他们知道客户业务如何为他们的工作和客户流程做出贡献。

一些人期望看到的某些流程并不在图上——比如,生产制造流程。德州仪器是芯片制造商,但是这个流程图并没有将生产制造流程作为它的主要流程之一。实际上,生产制造流程是订单履约流程的一个子流程——它仅仅是将芯片交付给客户所需涉及的众多子流程中的一个。图上也没有销售。销售不是一个流程，是一个部门——是一群人。但是，许多流程里都可以涉及销售人员。订单履约流程里需要销售人员，因为订单履约流程里的另一个子流程是获取订单，这主要是销售人员的任务。另外，客户沟通和产品研发流程里也需要涉及销售人员。

很明显，这张图不代表德州仪器公司里发生的一切，而只是显示高层次的流程。但是这些流程都可以分解为各种子流程——通常有5、6个子流程，用不同的子流程图来表示。将流程图和子流程图结合在一起，就能简单、有效看出德州仪器（或者任何其他公司）所做的事。

画出流程图不需要几个月时间，通常仅需数周时间。但是这个任务的确很让人头疼，因为这需要人们跨越部门局限去思考。流程图不是人们常见常画的组织图，而是描述现有工作的图。然而画完之后，流程图不应该让任何人惊讶。实际上，人们会好奇为什么画出这个图要花那么长时间，因为这张图很容易理解，甚至是显而易见的。人们应该这么说："当然啦，这图就是我们在这里所做之事的模型。"

选择需要再造的流程

一旦识别并画出流程，就可以决定哪些流程可以再造，以及决定再造的顺序，这些工作都非同小可。没有公司能够同时再造所有的高层次流程。通常，公司使用三个标准来帮助他们做出选择。第一个标准是"功能障碍"：哪些流程的麻烦最大？第二个标准是"重要性"：哪些流程对公司客户的影响最大？第三个标准是"可行性"：现有公司流程中，哪些流程最有可能被成功重塑？

寻找"功能障碍"流程，最明显的就是公司高管已经知道的那些有麻烦的流程：失灵的流程。按照惯例就可以找到许多该流程失灵的证据，人们也都清楚这种流程需要再造，很难错过。

如果一个产品研发流程，用了5年也没能孵化出新产品，那么可以很明确说这种流程失灵了。如果员工需要花时间将一张用电脑打印出来的纸上的数据输入一台电脑终端，或者手动将一台电脑中的数据输入另一台电脑，那么无论他们在做的是哪个流程，它都可能失灵了。如果员工之间的工作被隔断，他们的电脑屏幕上粘上了记事贴纸提醒他们修理这个或者查看那个，那么这个流程可能也失灵了。

让我们透过失灵流程的症状，寻找造成这种情况的病因。

症状：大量的手动信息交换，反复输入同样的数据。

病因：人为分割了一个自然的流程。

当员工将一台电脑里打印出来的数据再输入另一台电脑，这就是被我们称为"终端疾病"的症状。对于这种终端疾病，有效率意识的经理通常会找一个更快速输入材料的办法，或者如果这名经理更喜欢从技术上解决，可能会找一个办法将两台电脑联网，让材料的电子版能从一台电脑传到另一台。这两种解决方法都只是解决了症状，没有治疗疾病。

只要同样的信息在不同的部门之间来回传输——无论是每次手动输入或者电子传递——它都意味着一个自然的行为被分割了。一个设计良好且自然完整的组织单元（例如公司部门——译者注）应该将成品传送给下一个单元。只有非自然边界两端的人们才会用到大量的沟通。解决这个问题的办法是将行为或流程的各个部分放回到一起。这种做法的另一个名字叫"跨职能整合"，它能让公司一次就捕捉到信息然后分享出去，而不是找到更快的方法来回传递信息。

终端疾病不仅涉及电算化的输入。如果公司里不同地方的人需要频繁相互打电话，或者互留备忘录，或者互发电子邮件，那么也许这就意味着一个自然流程被不合适地分开了。传统公司回应这种终端疾病的方式是给人们更多的沟通连接方式——多一条电话线、更好的传真机等。但这也只是针对表面症状，没有找准病因。相反，新设备通常还治不好疾病。我们的观点是："工作会随着设备数量增加而自行增加。"给人们更多的沟通设备，他们会增加沟通但仍然觉得不够。

实际上，虽然对某些流程来说相互合作必不可少，但是人们不应该更多致电对方：他们应该更少相互致电。为了治疗这个疾病，我们需要找出为什么人们需要如此频繁相互打电话。如果他们做的事相互关联得如此紧密，那么也许就应该由一个人（个案工作者）或者一个团队来做。

良好的组织边界应该是相对不透明的。换言之，对于外部的人来说应该看不见某个组织单元内部的事务，或者不用怎么关心。连接组织与外部世界的管道应该狭窄一些。如果两个或两个以上数量的组织边界必须很透明，那么也许它们首先就不应该是不同的组织。

症状：库存、缓冲物和其他资产过多。
病因：管理懈怠，无法应对不确定性。

许多公司的目前现状是库存较多、以防万一，这些公司都想转向即时库存。公司里的部门都知道它们需要将它们的产出提供给顾客，有的是给外部顾客，有的是给公司内部的顾客。通常，它们不确定需求何时出现或者客户需要多少。所以它们总是在某处多储藏一点（有时候会储藏很多）。

我们这里不仅指物质资产，还有其他针对意外需求的工作缓冲物，例如多余的信息、现金甚至多余的员工。

想要解决库存过多问题，传统的办法是创造更好的库存管理工具。但是公司真正应该做的是没有库存。正因为有了库存不确定性，才会有管理懈怠。我们若想不再担心管理懈怠，就要去除不确定性，所以我们不需要库存。

去除组织不确定性的办法之一是将流程设计成让供货商和顾客一起计划、安排他们各自的工作。

> 症状：与增值工作相比，检查和管控的比例太高。
> 病因：碎片化工作。

公司里进行着的许多工作都没有为产品或服务增添价值。我们有一个简单的测试，可以区分哪些工作可以增值，哪些不能。以客户的视角，问问自己："我是否在乎？"如果答案是否定的，那么这个工作就没有增加价值。客户在不在乎公司的内控、审计、管理和报告？当然不在乎。这种检查和管控的工作对客户并无直接益处，只是公司自己需要而已。这些工作没有为产品或服务增加价值。

只要公司是由人组成的，那么某些程度的检查和管控就不可避免。所以这个问题不是"非增值工作是否应该存在"，而是"与公司其他工作对比，非增值工作的占比是否太大"。

当然，检查和管控比例太大是症状，不是病因。高管和经理们认为必须进行检查和管控的理由才是其根源：是由于碎片化工作所导致的不胜任与不信任。再造的目的不是使检查和管控更有效，而是要消除它的根源。

症状：返工与重复工作。

疾因：工作链上反馈不充分。

返工与重复工作都涉及将做过的事情再做一遍——返工的例子是为刷错颜色的零件重新上色，重复工作的例子是将一份文件反复写好几次。通常，返工与重复工作是长长的工作流程中反馈不充分的结果。发生问题的时候不知道，直到流程的后期才知道，所以许多步骤都要重做。

再造的目的不是让返工更有效率，而是通过消除错误和误解来彻底消除重复劳动。

症状：复杂、例外和特别案例。

疾因：这些特例都被堆积在简单的流程上。

大多数流程刚开始时都比较简单。但是时间一长，这些流程就变得愈发复杂，因为每次有偶发事件出现，有人就要修改流程，为其加上一个特别案例或者加入一个处理例外事件的规则。不久，这个简单的流程就会被例外和特别案例所掩埋。人们挣扎着去简化那个已经极度复杂的流程，但不会成功。

通过再造，我们揭示并恢复原先干净的流程，然后为其他情况创造其他流程。这意味着再造结束后，我们不是只有一个流程，而是有两个或更多流程。

公司已经习惯于规格化，这意味着试图用单一流程去满足所有的偶发事件。他们创造了一个标准且复杂的流程，其中分布着许多决策点。而我们现在知道一个更好的办法：流程设计的时候将一个决策点放到流程初始位置，通过这个决策点将工作分流到其他的简单流程。

以上这些例子识别的是在公司里经常遇到的一系列常见症状（功能障碍）以及病因（流程问题），这些症状与病因通常联系在一起。但是正如我们不断强调的，再造一半是艺术，一半是科学，而症状不总是能让公司医生正确诊断出病因。有时候，症状非常具有误导性。我们曾经见过一家公司订单履约流程的缺陷非常大，但是公司的客户却不认为有问题。他们觉得订单履约很顺利，因为客户收到了他们订购的货物。表面上看，这个流程似乎很健康。那么问题在哪里呢？是那家公司的销售额在迅速下滑。是销售流程失灵了？不是。其实是订单履约流程非常糟糕，客户之所以能及时收到产品是因为销售人员自己去仓库将客户的订货打包，然后自己送货给客户。客户是满意了，但是销售人员却无法将时间花在销售上，而是忙着自己送货了。

这种情况下，我们将下滑的销售额称作功能障碍的第二标志。流程失灵的地方是这里，但症状出现在那里。许多时候能证明流程失灵的证据的确存在，但是证据出现在其他地方而不是明显的地方。所以，虽然数据显示有东西失灵了，但却不一定能准确指出哪个流程出了问题。

考虑公司的哪个流程需要再造以及再造顺序的第二个标准是"重要性"，或者说是其对外部客户的影响。即使是将产出交付给公司内部客户的流程也可能对外部客户具有重要性和价值。但是，公司不能简单直接地询问他们的客户哪些流程对他们最重要，因为即使客户很熟悉流程术语，他们也没有理由知道他们的供货商的流程细节。

不过，对比各种流程的重要性之时，应该将顾客作为良好的信息来源。公司首先需要决定他们的顾客特别关心哪些事务，例如产品成本、及时送货、产品特性等。然后将这些事务与流程相关联，就能创建一个需要再造的优先流程名单。

第三个标准是"可行性"，就是需要考虑一系列决定再造成功可能性的因素。其中一个因素是范围。通常，流程越大，涉及的组织单元越多，那么范围就越大。流程的范围越大，虽然再造完成后的收益越大，但是再造成功的可能性则越小。大范围意味着需要得到更多拥护者支持，影响到更多的组织，涉及更多的经理，而他们都有自己的议程。

同样，高成本也会降低可行性。例如，与不需要大投入的再造项目相比，一个需要在信息处理系统上进行重大投资的再造项目会遇到更多困难。

评估一个特定流程的再造可能性时，再造团队的力量大小和流程负责人的投入与否也是需要考虑的因素。

我们必须强调，上述用于选择再造流程的方法并不是铁板一块，所以使用我们列出的这三个方法（功能障碍、重要性、可行性）来帮助做出流程选择时也需要开动脑筋。

管理层还需要问，一个特定的业务流程是否会对公司的战略方向产生重大影响？它是否会大幅度影响客户满意度？公司这个流程的表现是否远低于一流标准？如果不再造，是否无法从这个流程中获益更多？这个流程过时了吗？对于上述问题，如果肯定的回答越多，那么就越应该再造这个流程。不同的公司看待上述问题各自的重要性也不同。但是，上述这些就是经理在寻求再造机会时应该提出的问题。

理解流程

一旦选择了某个流程进行再造，指定好流程负责人，组织起再造团队，接下来的一步不是重新设计，而是"理解"现有流程。

再造团队进行再造之前，他们需要知道现有流程的一些内容：这个流程干些什么、流程表现如何，以及决定其表现的关键问题。由于团队的目标不是改善现有流程，所以并不需要分析和记录流程的所有细节。团队成员只需对现有流程有一个大致的看法，以便让他们具备能够设计全新、优越流程的直觉和眼光即可。

尽管如此，本阶段的再造中最经常犯的一个错误是，再造团队痛苦地试图分析流程细节，而不是试图理解流程。人们倾向于分析，因为人们习惯于做分析，知道如何进行分析。分析给人的感觉也不错，因为分析能给人有进展的错觉。我们每天早上来到办公室，打打电话、见见客人、看看数据。我们写出了很多文章，这都让人感觉舒适与满足。但是，分析不等同于真正理解。

仔细分析传统流程可能有助于说服公司里其他人同意再造，但那个任务属于"变革管理"。而团队现在需要找的是知识和洞察。团队不需要收集分析成堆的定量数据，所以与分析流程相比，理解流程并不那么复杂和费时。但是理解流程也很困难。在某些方面，理解甚至比分析更难。

传统的流程分析将流程的输入和产出看成固定不变的，所以仅仅在流程内部衡量工作，测试工作。相比而言，理解流程则意味着原有流程中没有一个方面是理所当然必须存在的。一个试图理解流程的再造团队，并不将现有的产出当成必需。理解流程就包括了要理解流程的客户用产出干什么。

再造团队最好从客户那里开始理解流程。客户的真正需求是什么？不是他们嘴上说要什么，而是他们真正要的是什么？他们遇到了什么问题？他们用公司给他们的产品或服务又进行了哪些流程？既然流程再造的最终目标是要满足客户需求，那么至关重要的就是团队必须理解这些需求。理解客户需求不意味着询问客户他们的需求是什么，因为他们说的只不过是他们自以为想要的。

例如，在我们早前讨论过的沃尔玛和宝洁公司的案例里，宝洁公司可能简单问问沃尔玛："你想要我们的费用清单变成什么样子？"或者"你是否想要我们更快送货？"但这些都没有发生。

事实是，宝洁公司和沃尔玛一起退后一步，然后问："沃尔玛遇到的真正挑战是什么？"本例中的这个挑战是从销售纸尿裤里将利润最大化。然后，宝洁公司可以问："我们如何做，才能帮你在销售纸尿裤时获取更多利润？你遇到什么问题了吗？你需要什么？"以上这些问题并不是："我们如何帮你提升我们之间现有互动的质量？"理解意味着考虑客户潜在的目标和问题，而不是只考虑连接两个公司的流程机制。

要真正理解，就不能仅仅问客户他们想要什么，因为他们倾向于从他们未经拓展的思维中给出答案。他们会说他们想要"它"——这个"它"是他们已经拥有的——只是还想要"它"更快一点、更好一点、更便宜一点。如果询问客户，那么得到的反馈并不意外，仅仅是对现有流程渐进式的改善。那不是再造团队所追求的。

那么，再造团队必须比客户自己还要更好地理解他们。要做到这一点，团队或者一些团队成员，可能需要进入客户的领域进行观察或者在客户的环境里实际与客户一起工作。这又是一个"理解"不同于"分析"的地方。传统分析中，人们通过在办公室或者会议室会见客户来收集信息。他们不会在真正的工作地点进行访问，因为他们认为那里太吵了容易分心。所以，分析师将人们带离工作环境，让他们坐下，然后让他们解释他们的工作。但是，人们告诉分析师的是他们认为他们应该做的事，他们正好记起来的

135

事或者是别人要求他们说出的事；他们不说他们实际做的事。人们实际做的事情与他们嘴上所说的事情，几乎永远不会一致。

要想获知客户所做的事，有一个更好的办法是看着他们做事。而且团队成员最好自己去看。虽然花上几天甚至几周去观察客户或者参与客户所做的事情并不能将团队成员变成客户专家，但是相比于与顾客会谈来说，他们从实际体会中能更好得出什么对于客户更重要、什么不重要。

实地探访客户所做的事情，而不是听客户说，能帮助团队成员透过客户自己的盲目和偏见，看见客户实际所需。关键不是学习如何做客户所做的工作，而是理解客户的业务，然后得出想法。

从团队成员观察并理解客户如何使用流程的产出中就能得出想法。例如，如果客户在使用产品之前先要部分拆除产品，那么也许这个产品就应该以半装配的状态送到客户那里。团队寻找的想法是让流程更好服务客户的办法。

一旦团队理解了流程客户之所需，下一步就是搞清现有流程能提供的是什么——这就是要理解现有流程本身。

其目的是了解流程应该做什么和为什么，而不是流程目前如何，因为在重新设计时，团队不用关心流程今天怎么样，而应该关心新流程应该做什么。明确了流程做什么和为什么以后，团队就可以在白纸上开始重新设计新流程。再造团队可以将我们所说过的关于观察及参与客户工作的几乎所有事情都应用到新流程里去。观察并执行流程是洞悉流程的最好办法，但是团队需要警惕不能研究过度。目标必须是尽快重建流程。

总结之前，我们还需评论再造团队另一个可以使用的工具：标杆分析法。简略地说，标杆分析法意味着参照做得最好的公司，学习他们怎么做。

学习标杆的问题是，这会让再造团队的思维局限在公司本行业已经实现的框架里。只想和行业领先者一样优秀，那么团队就等于自己为雄心壮志设置了天花板。如果是这种用法，那么标杆分析就只是用来追赶的工具，无法用来超越。

但是，标杆分析也可以用来激发团队的创意——尤其是团队将其他行业的公司当成标杆时。例如，惠普公司再造其材料采购流程的想法就是从一名曾经在汽车行业工作的高级经理那里得来的。他带来的是完全不同的观念模式——一种新的采购模型。

如果团队想要学习标杆，那么应该将全球最佳公司作为标杆，而不是本行业最佳。如果团队所在的公司属于大众消费品行业，那么需要对标的不是大众消费品行业的产品开发商，而是全球最好的产品开发商。对标那些公司，团队才可能想出好办法。

有一个老故事，当施乐公司决定提升它的订单履约流程时，它没有对标复印机公司，而是学习了邮购服装零售商里昂·比恩（L.L.Bean.）。

但是，即使是用对标分析法产出新想法，也会有以下危险：如果学习了别人也想不出新想法怎么办？有可能团队目前的流程再造无法应用其他公司的做法。如果是这样，也不能成为再造团队自满的借口。相反，团队成员应该将这当成挑战：他们自己可以创造全新的、世界级的标准。

我们要记住，通过为公司的现有流程做出诊断，再造团队可以学到很多，但不用完全融会贯通，因为不需要修理流程。无论如何修理旧流程也只是得到小幅度的改善。再造团队并不是要寻找小幅度改善，而是数量级的改进。修理旧流程达不到目的。

团队应该学习现有流程，理解关键之处。团队成员越了解流程的真正目的，就可以将新流程设计得越好。

REENGINEERING
THE CORPORATION

第八章　　重新设计流程的经验

对于一名作者来说，没有什么能比一张白纸或者空白电脑屏幕更让人激动同时也令人恐惧了。

整个再造流程过程中，重新设计是最能发挥原始创造力的部分。它比其他工作更加需要想象力、归纳式思维，还要一点疯狂。重新设计流程的时候，再造团队需要废弃熟悉的观点、寻求反常的思维。重新设计要求团队成员，尤其是要求内部人士，暂时忘却他们在以前工作中遵守的规则、程序、价值观。流程重新设计当然会令人不安，因为团队想做什么都可以。

对于重新设计工作流程的坏消息是它并不能基于算法和常规步骤。没有什么"十个步骤"能自动创造出一个彻底的新流程。

对于重新设计的好消息是，虽然这可能需要创造力，但是不必完全从白板上开始。现在已经有足够的公司完成了再造，所以我们就能够从中辨别出一些常见的模式。已经证明对某些公司有效的技巧对于其他公司也有效——或者，至少对其他某些公司有效。所以，即使对于流程再造没有硬性规定，我们也知道重新设计所依赖的原则，因为我们已经有了一些先例。

几乎每一个从商学院毕业的人，或者拥有几年公司管理经验的人都能设计一个传统的业务流程，因为他们可以遵循设定好的指导方针。例如，我们几乎凭直觉就知道传统的工作流程应该被分解为许多简单任务；我们知道经理控制范围有限；我们知道规模经济，知道需要有管控、有问责、有预算。只要给出一个业务行为（例如收到原材料后支付货款给供货商），几乎所有懂一点业务的人都能设计一个能完成该行为的传统流程。

其实，非传统的流程也包含了常见的特点和主题。知道这些是什么的人并不多，但是它们都反映了我们在本书中探讨的再造原则。

总有一天，再造业务流程的特点将会毋庸置疑地与今天的传统业务流程一样明显。这些非传统的特点和主题对于今天的人们来说还不够明显，其原因是因为它们仍然是新事物，还没有成为集体传统智慧的一部分。

那么再造团队如何推进再造项目呢？这是再造阶段的第一个早晨，咖啡刚泡好，黑板上还是空白。从何处开始呢？

重新设计流程对于公司的影响应该是惊人的，但不吓人。我们开发出了一些技巧以供团队在设计启动阶段使用，我们也会分享一些让人们在重新设计的过程中保持创造力的想法。

本章中，我们将用两种办法处理再造。首先，我们带领读者经历"第一天再造会议"的短场景。我们的目的是让人们感受一下流程再造，告诉人们这既不神秘也不艰巨。然后我们会介绍和说明一些技巧和方法，帮助再造团队重建流程。

这个场景是皇家保险公司再造团队的一次会议，该公司是我们虚构的一家汽车保险公司，但是很有代表性。该再造团队的任务是为公司重新设计车险理赔流程，因为近些年来皇家保险公司赔付的金额上升了许多。你可以想象现在是再造团队的第一次再造会议，你作为局外人旁听会议。你对于保险业务的理解仅限于普通人的知识，再加上本次会议开始前团队长所说的几点内容。

首先，团队长说，本公司认为公司为汽车事故理赔赔付了超出实际应有的金额。理赔通常涉及两种赔付：一种是为受伤的人支付费用，另一种是为汽车损害支付费用。这两种赔付金额都在快速上升。

由于医疗成本从总体上说一直在上涨，所以团队长说，医疗赔付资金上涨不足为奇，但是对于汽车损害的赔付也上涨就有问题了。几年前，消费者开始购买"碰撞免赔额"较高的保险，保险界认为这种消费趋势会导致碰撞损害理赔支出减少。但是事后理赔却没有减少，反而增加了。现在的情况似乎是，消费者购买了"碰撞免赔额"较高的保险，因为这种保险很便宜，但是出了事故以后，他们又试图让保险公司赔付完整的维修费用。他们说服修车厂虚报修车费用，其中不仅包含了实际的维修费用，还包含了理应减少的碰撞免赔额度。

第二，团队长说本公司还有内控问题。平均而言，每当为理赔支出7美元，公司自己就要花费1美元去处理理赔。而且，公司了结一个理赔案子平均需要40天，而这还是在索赔人不起诉的情况下的时间周期。

然后团队长简略地描述了该公司的理赔流程。当车祸发生后，索赔人先打电话给保险经纪人，由该经纪人通知公司（通过电话、邮件或直接拜访公司）。公司接到消息，将理赔要求输入电脑，指派一名授权代表来处理理赔，这些事情需要花三天时间。

一旦指派了理赔代表，那么他的第一项任务就是证明在发生车祸时，索赔人的保单还在有效期内。如果保单已经失效，那么流程就结束了。如果保单还有效，那么流程继续。

下一阶段的任务可以被归结为两个基本问题：应该由车祸当事方哪家的保险公司赔钱，以及处理这桩理赔案件要支付多少费用？

为了明确费用，理赔代表需要与医生和伤者讨论伤势和治疗费用，并评估修车的成本。这需要打许多次电话。

为了确定车祸过错方，理赔代表要与伤者、其他当事方、目击者和警察谈话。理赔代表也许要多次访问这些人，并去到车祸现场。

许多可变因素都会影响维修及医疗成本：修车真正需要多少钱？一定要用原厂配件，还是可以用其他的配件？医院给予伤者何种程度的治疗算足够了？

这些问题都没有简单的答案。从发生车祸的那天算起，理赔代表通常要花 35 天时间收集足够的信息来决定是否应该向索赔者支付费用，如果是应该赔，那还需要决定赔多少钱。

如果所有人都接受理赔金额，这个流程就结束，整个过程平均费时超过 40 天。但是，如果有索赔人提起诉讼，那这个流程就会一直拖下去。官司打 5 年时间也并不少见。

团队长说，每一单车祸索赔，公司平均要赔出 3500 美元。处理一单理赔的内部成本平均要 500 元。

以上就是你和团队所知的关于皇家保险公司理赔处理流程的全部（这就是实际的常见情况）。再造团队的任务是重新设计流程，以便使公司的车险业务能盈利。团队成员面面相觑。从哪里开始呢？

"可以在流程中将造成人员伤亡的理赔与没有人受伤的理赔区分开来，"一名团队成员这么建议，"我们最大的赔付金额来自造成人员伤亡的案子。"

"那么为什么不按照索赔金额大小来分流流程呢？"坐在你边上的人说，"有时候，伤势不严重，甚至没人受伤，但是可能有很多财产损失。"

"那好，"团队长说，"我们可以按索赔金额大小做分流。小额索赔是什么呢？可以是没有受伤和微小的财产损失。大额索赔包括所有其他情况。如果这么分流,接下来干什么呢?我们如何针对两种不同情况做不同处理?"

桌子那头的女士说:"因为有管理成本和其他成本,所以如果按每小时工作的成本计算,我们处理小额索赔案子的成本比大额索赔成本要高,我觉得我们应该尝试快速了结小额案子。小额案子不值得多花时间。"

"我们不去管小额的行不行?"坐在桌子最末端的男子说,"只要索赔额少于某个标准,我们就直接赔给他们,无论多少钱。"

团队长说,"如果我们不去管小额的,会怎么样?"

那名女士说:"我们总是应该要管一管的。"

"让保险经纪人去管吧。"最末端的男子说,"如果索赔额小于某个金额,就让保险经纪人去处理。经纪人可以直接赔付。这样,案子就快速了结,经纪人也加固了与客户的关系,而我们也不用花时间精力了。"

团队长在黑板上记着笔记,这时坐在你左手边的男子来了句:"让修车厂处理好了。"

每个人都望向他。传统上,修车厂可不是保险公司的朋友。

"很有趣。"在停顿了几秒钟后,团队长终于回应了:"就让修车厂处理。"

"是的,"男子说,"毕竟修车厂决定修理价格。也许有办法让他们为我们工作,而不是去和客户合谋来剥削我们。"

这想法很疯狂?也许不是。目前,当车祸导致车辆受损时,皇家保险公司会派出一名评估专员去查看车辆,并确定合适的维修成本。同时,客户对于修车费用也有自己的估计,所以公司通常都会就维修成本与客户争吵。最后谁高兴了呢?通常没人会高兴。

一名原先从事销售的男士说,他不觉得这个主意很疯狂。他说:"现在我们给客户什么？一张支票。但是客户真正要什么？一辆修好的车。如果我们分流这些索赔，如果没有受伤、车辆受损小，那么我们就告诉客户，把车送到这个修车厂，他们会为你处理好——或者，更好的是告诉客户，这里列出了所有我们认可的修车厂。选一个你最方便的修车厂，他们会处理好一切。"

很自然的，有人会问如何对付欺诈（修车厂虚报费用或者顾客为从来没有发生过的车祸提出索赔）。围绕这个问题讨论了很长时间，得出的办法是：首先，保险公司可以指定那些珍惜本公司客户业务机会的修车厂。它们与皇家保险公司合作，公司可以通过周期性统计数据来监控它们的定价和维修质量。而对于不诚实的客户，皇家保险公司可以将索赔频率也作为流程分流的一个条件。

团队长总结说："所以，我们觉得这个想法可行。我们设立一套分流系统。如果我们接到一个理赔申请是：没有人受伤、车辆轻微损坏，而且这名客户十年以来都没有提出过理赔，那么我们就可以认为这不是欺骗。需要赔付的金额不大。而且我们非常肯定，修车厂不会剥削我们，因为我们会通过统计数据来做审计。所以我们给客户列出合作修车厂名单，然后当修车厂确定了修车费用，我们就付钱。这直截了当，去掉了许多管理支出，而且我们可以很快了结这桩理赔。"

他在黑板上写了一分钟，然后询问大家是否还有其他办法能快速了结理赔。

传统保险理赔流程一直希望晚些时候再赔付。大多数理赔处理都倾向于越慢越有利，因为保险公司可以持有这笔资金更长时间，得到更多投资收益。

"为什么我们想要加速理赔？"团队长问了这个问题，环视大家。坐在

第八章 重新设计流程的经验

你另一边的人现在还没说过话。

"我来告诉大家为什么,"他说,"因为快速获赔之后,客户就不太会再去请人身伤害律师。"统计数据显示,每当有律师参与车险理赔案件,公司赔付给客户的金额就会比没有律师的案子高出很多倍。

"客户什么时候最有可能去找律师?"他自问自答,"在一开始的时候。你摊上了车祸。你打电话给保险经纪人。你很焦虑、愤怒、不高兴。经纪人记下许多信息,然后又怎么样了呢?没怎么样,没帮上忙。我们花一周时间把理赔申请文件传来传去,而对于索赔人来说,并没有感觉到有人在为他做事。难怪他们会去找律师。"

团队长提醒团队其余成员们:"开始那几天发生的事情是申请报告一直躺在篮子里。我们那个时候还在找合适的理赔代表,他可能在度假或者还在处理其他案子的路上。我们在做事,但是客户无法察觉,于是最后我们承担额外的理赔成本。所以,如果我们想加速这个流程,那应该怎么做?"

有人建议设立一个800电话号码,广泛宣传,方便客户致电公司。有人建议让事故调查团队24小时待命随叫随到。有人建议将手机送给客户,让他们从车里就能打电话给公司。有人建议为安全气囊安装警报器,一旦出车祸弹出气囊,警报器可以自动通知公司。有人建议公司连接警方的报告事故的通讯系统。

"不错,不错,不错。"团队长一边说,一边在黑板上做着记录。"目的就是要尽快得到事故通知,让我们从头回顾一下,通过一个又一个机制,我们可以压缩理赔流程开始前的时间。我们较早得到了事故通知。我们检查保险条款,我们得到一些事故的基础数据,然后我们做分流。简单的案子?让保险经纪人付钱,或者将车送到我们认可的修车厂去修。那么对于其他案子,我们无法快速了结的案子怎么办?需要打破什么规则吗?大家有什么想法？"

"我对保险了解不多，"你开口了（这是你第一次在这个再造会议上说话），"但是根据我听到的，我觉得需要打破一个规则。那个规则就是在搞清楚车祸是谁的责任之前，公司对索赔人不做什么服务。从客户的角度，我认为这个规则应该是：先修车，然后再决定是谁的错。"

"这个打破规则的想法不错。"团队长说，"我们就直接去除这条规则行不行？也许我们不需要规定先做什么。我们在两方面都立刻开始工作，既修车，也开始找是谁的责任。我们不用等到找出是谁的责任以后再赔付。"

"等一下，等一下。"另一名再造团队成员叫出了声，他觉得这么做公司就要赔付不应该赔的钱。随之而来的是另一段长时间讨论。最后，团队认为，虽然公司可能会很容易地赔付不应该付的钱，但是在绝大多数情况下，又可以从另一家保险公司拿回这笔钱。而且，大家觉得，这样做的赔付总金额仍然会较少，因为快速了结案子可以减少顾客起诉的数量。

"我们还需要做什么？"团队长问，"从索赔人的角度看，有什么问题？刚才我们的客人（你）提到了这一点。"

有人回应："没有人联系他。"

"意味着什么？"

"我们可能在做事，但是索赔人仍然认为我们没有为他服务。"

"如果你是索赔人，"团队长说，"你在医院里。你的后背很疼。你不知道你的车如何了。你的感受是什么？太糟了。那我们应该做什么？"

一名团队成员说："派人温暖你的手。"

"对，"另一人说，"总体上说，我们不应该只想着扔出一张支票了事。我们的目的要改一改。不是给支票，而是应该要让索赔人高兴。"

团队长问："我们应该怎么做？"

最后那个位置上的人说:"解决他们的问题。"

"怎么解决?"

接下来的大段讨论都是关于索赔人的问题是什么,以及如何解决他们的问题。例如:公司目前的做法是允许车辆受损的客户在修车期间用租车的办法来过渡。但是团队觉得这没有解决顾客的问题。这种做法是让顾客自己去解决问题,然后公司之后再赔付一笔钱。而且,这么做也很昂贵,因为索赔人付的租车费用比较高。而保险公司则可以直接与租车公司敲定一个更好的协议。

此时,为了方便讨论,团队决定给索赔人都配上名字。乔尔购买了皇家保险公司的保险,他的车撞坏了。莎莉是另一名司机,她买的是另一家保险公司的保险。她的车全毁了,而且她也进了医院,脖子和后背都受了伤。

一名团队成员说:"接下来的情况就是,乔尔打电话来,说他的车撞坏了。我们说:'那真糟糕。我们会在一小时内将一辆备用车送到你家去。'乔尔会高兴吗?他肯定会喜出望外。而我们则省了钱,因为我们给乔尔送去的是一辆中档车,而不是他租的林肯牌豪华车,而且我们付的租车费用是每天10美元,而他自己去租车每天要付30美元。"

团队也没有忘记莎莉。她不是皇家保险公司的客户,但是此时此刻谁知道谁应该为事故负责赔钱?(如果事故责任方是乔尔,那么皇家保险公司不仅需要赔付修车费用,还需要赔付莎莉的医疗费用。——译者注)此时公司想为莎莉做什么呢?温暖她,团队决定要和她成为朋友。皇家保险公司要派一名友善的、富有同情心的人去医院探望她。这个外在的信息是,我们来帮你。潜在信息是不要起诉。还有,如果我们为莎莉提供了这么好的服务,也许她会转而成为我们公司的客户。于是理赔流程变成了销售机会。

有人说，顾客希望理赔过程中不用与许多不同的人打交道。"我们是不是可以只让他们与一个人打交道？"团队长回应道："好。我们就这么做，然后呢？"团队讨论说要有一个"个案经理"。莎莉在医院，她在担心着她的车。个案经理可以帮她解决这个问题。

莎莉有许多不同的医生，但是没有一名医生能帮她解决非医疗问题。个案经理可以。而且，团队长指出，得益于深入了解情况，个案经理可以确保莎莉得到良好治疗，但不用接受不必要的治疗，这就意味着公司又可以省钱。

以上便是再造团队第一次再造会议的内容。团队成员还有很多的事情要做。他们还要分析很多数字、检查许多细节，但他们今天的工作完成得不错。他们已经越过了第一座山峰，那就是想出大的框架。他们没有陷入到旧惯例里。他们跳出固有的规则，创造性地思考。而且团队长也擅长引导团队成员说出那些看起来有些荒谬的想法——例如，让修车厂在没有公司调查和评估的前提下自行解决客户的小型维修诉求。"很有趣。"团队长的一番话，鼓励着团队成员想得更远。

本例中，团队成员使用了一种我们觉得很有用的技巧。他们采用了再造的原则：不是围绕任务，而是应该围绕结果来组织工作。他们将该原则推向了逻辑极限，看看能够做到何种程度。其结果就是，他们有了一个好办法，让修车厂自行处理。

让我们看看这个团队如何应用另一个再造原则来指导再造。我们在这里阐述的原则绝不是唯一的原则。我们一直致力于不断发现并公开流程再造的原则。以下例子阐释了如何应用新的设计原则来激发出色的想法。

第八章 重新设计流程的经验

原则：执行流程的人越少越好。

虽然不是所有的流程再造后都能将工作交到一名员工的手上，但是应该尽可能由一人处理整个流程作标准。想象一下只有一个人来处理一桩保险理赔。如果要这么做，那么必须将什么任务去除或者合并到一起呢？需要将哪些工作移到外部——比如交给修车厂。皇家保险公司的再造团队采用了这种个案工作者模式，便催生了个案经理的想法。想象如果由一个人来执行产出一个产品所涉及的所有任务，那么他如何才能做到？这名单一工作者需要什么帮助？科技如何提供支持？这些问题可以激发出伟大创意。

再造团队成员可以基于上述及其他的再造原则向自己提问。提出问题的目的不是要给出最终答案，而是激发团队的创造力。

另一个有助于激发团队思维的技巧是识别和废弃一些假设。

所谓假设，就是存在于几乎所有的现有业务流程中的一些根深蒂固的观念。例如，如果公司不允许现场销售人员决定交易的条款，那就是因为公司假设销售人员会将他们自己的利益置于公司利益之上而向客户索取佣金。只有在收到供货商的费用清单后才付钱的这种惯例是基于以下假设，即假设不可能直接将接收到的货物与订购单联系起来。如果公司运营着不少地区配送中心，也许是因为公司假设：比起集中配送，地区配送中心能够提供更好的服务。

再造团队可以试图在讨论时开放这些假设，或者完全扔掉假设，看看他们再造的流程会怎样。

皇家保险公司的再造团队含蓄地怀疑了"所有的修车厂都要价过高"的假设，然后寻找他们能去除哪些流程中的步骤和任务。他们也决定了他们需要做什么才能让这个假设失效（本例中，公司需要周期性监控修车厂的表现)。

该团队也怀疑了"先确定事故责任再赔钱"的假设,结果得到了一个更合理、更快速的流程。

20世纪60年代曾有一个口号是"怀疑权威"。流程负责人可能相信他们的再造团队成员有个新版口号:"怀疑假设"。

再造团队能用来激发创造力的第三个技巧是:利用信息科技的颠覆威力。

正如我们在第五章里强调的那样,传统的业务流程结构受限于"前电脑时代"的科技。那些科技的局限(打字员能够制作的复写本数量,或者通过邮件或电话在公司总部与外地办事处之间传递的信息量)深深地植根于现有流程之中。当我们试图提升这些流程时,我们仍然常常会被同样的局限所束缚。

再造团队可以通过现代信息技术来打破这种束缚。看看科技能允许你做什么,然后决定这是否能帮你重新思考流程。

例如,通过在线数据库,皇家保险公司可以方便查阅任何顾客的理赔历史记录,也可以查阅公司付给各类修车厂的修车成本以及修车内容。有了这些以前无法拥有的能力,皇家保险公司的再造团队就能重塑车辆评估流程,以前这个流程既耗时又昂贵,还损害公司与客户的关系。

我们已经探讨了三种能帮助再造团队思考的技巧,分别是:大胆应用一条或几条再造原则;找出并摧毁假设;寻找创新式应用科技的机会。团队在推进再造的过程中也可以再回顾这些技巧,以此激发额外的想法,或者帮他们克服障碍。

虽然皇家保险公司是虚构的,但是我们在讨论中提到的想法都很合理。有一家真正的保险公司,现在正在考虑皇家保险公司再造团队所提到的那些想法，其中部分想法已经得到了实际应用。

除了提到的这些特定技巧之外，皇家保险公司的例子也能教授我们其他的再造内容。我们经常让一些研讨会参会者扮演皇家保险公司再造团队成员的角色。之后，我们问他们，经历过这些角色之后，除了那三种技巧之外，他们还学到了哪些再造经验。不可思议的是，我们常常都会遇到他们告诉我们同样的 8 个答案。以下便是角色扮演之后他们发现的内容：

1. 你不需要先成为专家才能再造流程。
2. 作为局外人是有帮助的。
3. 必须要抛弃先入为主的观念。
4. 从顾客的角度思考问题相当重要。
5. 再造最好由团队来进行。
6. 你不必知道多少现有的流程。
7. 想出好点子并不困难。
8. 再造很有趣。

再造很有趣，但是使人清醒的时刻最终总会到来，那就是当再造团队必须向公司其他人解释的时刻，告诉他们必须要调整，适应再造后的流程。而再造团队也需要将想法付诸实施。那时，实施流程再造就不那么有趣了。

REENGINEERING
THE CORPORATION

第九章　　　　　　着手再造

到目前为止，我们都没有讨论再造的一个关键层面，其实每次再造伊始就需要涉及这个层面的内容。我们之所以等到现在才来讨论，是因为现在读者们已经掌握了重塑公司的工具——再造——的巨大威力，否则会很容易忽视本章议题的重要性。我们现在要讨论的是一项艰巨的挑战——说服公司里的其他人拥抱（至少不对抗）再造。

再造会导致员工的工作彻底改变，要让人们接受这种观点不是一场光靠战斗就能赢下的战争，而是从头至尾都需要进行的教育和沟通战役。公司一旦意识到需要再造，这场战役就开始了，直到再造流程投入实际应用之前战役都不会结束。

按照我们的经验，那些让员工接受再造最成功的公司是那些将再造需求清楚传递给员工的公司。这些公司的高级经理非常成功地制定了两个主要信息并清楚传达给公司员工。第一个信息是：本公司目前状况以及为什么我们无法保持现状；第二个信息是：这是再造后的样子，我们公司需要成为那样。

第一个信息必须让人信服地接受改变。它必须传达一个有力的信息：

公司只有通过再造才能生存。这非常必要，因为如果不说服员工，那么他们会拒绝承受甚至阻止改变。而且，这一过程还有额外的益处，可以迫使管理层诚实地在广阔的竞争环境中审视公司和公司表现。

第二个信息是讲明公司需要成为什么样子，给员工一个能争取到的、显而易见的目标。为了清楚表述这个信息，管理层必须清楚思考改变的目的，以及再造所牵涉到的改变程度。

我们给这两条关键的信息起了名字。第一条信息叫"改变的理由"，第二条信息叫"愿景宣言"。这些名字本身不重要，不同的公司可以给这些信息起不同的名字，但信息的内容非常重要。

"改变的理由"说的是为什么公司必须再造。它必须简洁、便于理解，以及具有说服力。它不能仅仅是管理层大叫"狼来了！"它必须是公司需要改变的理由——一个非常具有说服力的论点，有论据支持，阐明如果不再造会有什么后果。如果公司在本行业里失去了竞争优势，那么就应该在"改变的理由"中如实阐述。如果公司的利润率正在不断下降，那么也应该在"改变的理由"中展示出来。如果公司面临彻底失败，那么也应该在"改变的理由"中实话实说。这第一个信息必须强有力，但不能夸张。改变的理由必须非常有说服力，以至于让公司里所有人都认为再造之外别无他法。改变的理由中的大多数的事实都不是新发现，但是将这些理由放在一起，就能让人们看出公司的确有麻烦。

改变的理由需要简洁（5页纸足够，最多不要超过10页），还要直截了当。我们欣赏以下这个案例，这是一家大型医药公司的高级经理用来说服员工必须彻底改变公司研发流程的。以下"改变的理由"包含了所有我们认为重要的元素，而且很简洁。

改变的理由：医药公司

> 公司在美国和其他重要的国际市场上研发和注册新药所需要的时间周期太长，我们很失望。
>
> 我们的主要竞争对手实现了非常短的开发周期，因为他们已经设立了大规模、高度灵活、能全球整合的研发机构，这些研发机构都拥有统一的工作惯例和信息系统。
>
> 我们只有小型、独立的研发机构，散落在世界各地的自营公司里，竞争趋势对我们不利。
>
> 无论从竞争力还是从经济角度，我们都必须尽早转向全球整合的研发模式，因为每当我们为一种新药研发和注册流程节省一周时间，都意味着延长了专利保护的产品生命周期，就能让公司每年税前利润最少增加 100 万美元。

上述例子里包含了 5 个主要的元素，大多数有效的"改变的理由"都含有这些元素。

"业务背景"总结并描述了现在正在发生什么、改变什么、公司所处环境中哪些是新近重要的内容。这家公司在"改变的理由"里说，他们的主要竞争对手的产品研发周期短得多。

"业务问题"是公司担心的地方。上述例子中坦率承认，他们公司的新药研发和注册时间太长了。

"改变的理由"里也阐明了"市场需求"，即公司无法满足背景条件提出的何种新要求。"竞争趋势对我们不利。"

"诊断部分"阐明了为什么公司无法达到新标准，为什么常规的修修补补式的小规模改进无法满足需求。本例中的这家医药公司正在失去竞争优势，因为竞争者拥有了全球整合的研发机构。

最后，为了根除对于再造需求的怀疑，"改变的理由"在结尾处警告了不再造的后果，即"不进行再造的成本"。每当新药研发和注册流程延迟一周时间，公司的年度利润就会损失100万美元。

公司不必等到破产边缘才用再造来逆袭。即使是很不错的公司也可以有改变的理由。这种公司可以说，如果不再造，公司将会陷入麻烦，公司无法满足未来市场的需求，或者公司还没有如预期中的那样优秀。这种情况下要说服员工稍有难度，但这也只是意味着"改变的理由"需要说得更加令人信服。

以下是一家仍然盈利的大众消费品公司的改变理由。如果不再造，这些理由为公司描绘了一幅暗淡的未来景象。这家公司的改变理由比医药公司的长，但同样很有效。它始于公司行业概述。

改变的理由：大众消费品公司

我们销售渠道的市场正在飞速改变。为了我们的零售商能够实现盈利增长，我们必须以正确的项目对他们做出快速反应。

我们每一个零售渠道都有其独特的需求，需要创新的产品、服务、宣传推广、商品销售系统以及培训来让他们在各自市场中竞争并获得成功。我们在公司内部必须开发出灵活的流程，抓住这些特定渠道的机会。

由于新的零售方式、媒体宣传、新产品/替代产品、生活方式改变，以及市场细分、消费者的需求和渴望在不断变化。我们无法仅靠开发出单——一个产品或者一种零售解决方案就满足所有人；某个细分市场里非常成功的产品会被另外的市场拒绝。

接下来，该份声明颇具说服力地合理阐述了需要改变的原因。

今天，我们的"市场需求评估"与"向零售商交付新项目"二者之间的时间间隔至少要 2 年，有时候需要拖到 3 年。而且，这个流程基本上是串联。流程中的每一个步骤——解析零售和研究数据；制定计划；获得承诺；就各类计划达成一致（产品计划、销售规划、推广计划、广告计划、系统计划、培训计划以及现场启动计划等）——以上这些需要涉及多个部门，需要无数个会议和批准。

市场不断变化，我们无法接受 3 年的计划周期。即使产品或项目在早期规划阶段还属于创新，但当它在 24 个月甚至 36 个月之后到达消费者时就已经不够创新了。针对零售表现的反馈来得太迟，既影响替代产品上市，也导致不受欢迎的产品在市场上存留的时间过长。

通常，我们的规划和决策流程的范围过于狭窄，无法涵盖多个渠道或者特定零售商。所以只能舍弃他们，或者在流程后期加入他们的需求，但那时我们的可选办法已经很少了。

许多时候，当我们的项目或产品到达零售商时，这个安排已经太迟，缺少产品和销售规划，而零售商或现场人员也缺乏足够的培训，以至于无法有效工作或销售产品。

这家大众消费品公司在结尾的时候强调了不再造的后果：

现有流程无法满足我们对速度和精度不断增加的需求。现有流程使得工作人员工作过度、心力交瘁，出现最后一刻的匆忙，异常处理增加，管理落后。现有的流程导致超时和额外开销、错过交付日期，不尽如人意的零售表现，以及员工士气低落，公司为此付出了数百万美元。

我们常常将我们的注意力集中在最大化成本效率，而不是专注在市场需求与公司表现上。为了提升公司表现，我们已经应用了新科技，但并无多少效果。我们用的是我们自己的内部表现来衡量公司成功与否，而不是用我们零售商的标准。

仅仅在我们现有流程中工作更努力更有效率，也无法达到我们大幅提升零售表现的目标。

我们今天仍然有不少盈利，但是如果我们不采取综合的补救措施，我们就不能保证持续成功。如果不做出重大改变，我们最终会失败。

这家公司的"改变的理由"顺带表达出了公司需要综合和有效的再造。

我们说过，为了让再造顺利进行，有两个主要的信息是高管们必须传递给公司人员的。第一个是"让我们改变"，即改变的理由；第二个是"改成什么"，即愿景。

"改变的理由"就是用大刷子画出公司业务问题的实质。它说的是："我们必须改变。"愿景说的是："这就是我们将要成为的样子。"它描绘的是再造的目的地。

"愿景宣言"，是管理层传达出的公司需要成为的模样。它应该描述公司将会如何运营，概述公司必须实现什么结果。这个宣言既是定性的，也

第九章 着手再造

是定量的，公司可以在再造之前与再造之中反复使用愿景宣言，将该宣言当成再造目标的提示、衡量进度的标尺，以及推进再造的激励。

为再造后的公司创造愿景需要一些艺术技巧，因为愿景是不含细节的图像。当公司向着再造迈出第一步时，没人真正知道公司未来的准确模样。甚至没有人真正知道公司目前哪些方面需要改变，更不用说如何改变了。愿景宣言是公司相信再造完成后所变成的样子，一幅精心绘制的愿景将会缓解公司在流程再造中的压力。

当人们士气消沉的时候，愿景就是一面召集起队伍的旗帜，这面旗帜对他们说："请记住，我们完成再造之后会有多棒。"愿景也让人们持续关注再造。它不断提醒人们公司试图改变什么。否则，人们很容易分心或者走偏。公司随时都有无数的现有工序和细节可以改变，而愿景提醒的是：真正需要改变的是哪些流程。

最后，愿景提供了衡量再造进度的尺度。公司已经看起来像它的愿景了吗？如果越来越像，那么再造就取得了进步。如果没有，那么无论为再造投入了多少努力，都没有取得公司期望的进步。高举愿景，领导者可以说："这就是我们大家都同意的、我们想成为的样子。看看周围。我们实现了吗？我们接近了吗？"愿景是有效的激励。如果愿景很强大，就能产生吸引力。

我们与再造流程的公司一起工作时，用过一些老土但有效的方式表达愿景宣言。例如，利用设计软件和打印机很容易就能虚拟出一篇5年后的《华尔街日报》刊登的关于该公司的文章。我们写的这篇故事可以说，该公司通过大幅度缩短产品研发周期，实现了创纪录的利润，一跃成为行业第一。然后这篇故事可以阐述作为该公司员工的感受，以及顾客和员工对公司所做改变的想法。这个办法捕捉到了员工的想象力。他们说："是的，我们想要那样。"好,但那是我们的梦想,领导者可以说,这些是我们为了实现梦想所必须做的事情。

"改变的理由"和"愿景宣言"用在一起就像铁棒和磁铁。要让人们从他们的现状转变到他们应该成为的样子,需要两种行动。首先,不能让他们安于现状。促使他们不再安于现状的工具是铁棒,即"改变的理由"。然后,还需要用另一个观点吸引这些人,那就是磁铁的用处,即"愿景宣言"。

愿景宣言篇幅不用长,但必须强有力。太多的企业愿景都是空虚的、过分简单化的,并不能说明公司必须做什么来实现这些愿景。"我们想成为行业第一"或者"我们想要成为领先的小部件生产商"或者"我们将会成为客户最喜欢的供货商"这些是美好的愿望,但是他们不是有用的愿景。类似上述这些宣言通常是高管每年在树林里散步的时候想出来的——那是当公司的高管临阵退缩,宣称要重新审视他们的目标,然后制定出一个他们所谓的愿景宣言。虽然他们的愿望很美好,但是诸如此类的宣言却缺乏任何实际意义。它们没有具体说明公司应该如何运营,所以它们没有实际用处,只会快速消逝。

一个强有力的愿景包含三个元素,这些元素通常是树林散步的产物所缺乏的。首先,它专注于运营;第二,它包含可以衡量的目标;第三,如果它果真强有力,就会改变行业竞争的基础。

一个最好最简单愿景的例子是联邦快递公司在其早期提出的:"我们会在第二天早上10:30之前将包裹送到。"这个宣言是关于运营的(我们会将包裹送到);它有可以衡量的目标(我们要在早上10:30之前送到);而且它改变了行业的竞争基础(从长时间、不可预测的递送时间改变成了保证隔夜送到)。联邦快递的愿景宣言告诉公司职员,他们必须将工作设计成需要完成的那个目标。

以下例子中愿景宣言的篇幅较长，但不是老生常谈。这些愿景宣言样本带着锋利的棱角，并包括了我们刚才讨论过的三个主要元素。首先是医药公司对于其再造后新药研发流程的愿景。

愿景：医药公司

我们在新药研发上领先全球。

- 我们将新药研发和注册时间平均缩短了6个月。
- 我们提交注册材料的质量在同行中首屈一指。
- 我们将我们新药的盈利潜力最大化。

我们通过自营公司构建起了全球的研发组织，其管理结构和制度能让我们反应敏捷与灵活地调动我们全部的研发资源。

- 我们在各地都设立了统一和更加训练有素的新药研发规划、决策和操作流程。
- 我们在所有的研发地点都采用创新的科技工具支持我们各层次的工作和管理实践。
- 我们在全球都已经开发并普遍应用了信息技术。

我们早先讨论过的大众消费品公司也表明了其最终愿景。

愿景：大众消费品公司

本公司运营与市场相匹配，这为整个产品研发流程注入了新生命。我们可以即时制定计划、做出决策、制造产品以及启动项目。员工们工作数周或数月就能研发出产品并上架销售，而不是像以前需要数年时间，他们看到这些也感到欣慰。

我们能更好地聚焦市场，因为我们的项目能做到完全整合，将项目推向市场的时间从不会超过一年。市场的需求驱动着我们。我们以零售表现评估成功与否，零售表现指的是零售销售额、零售盈利能力、零售服务以及零售的执行情况。

跨部门团队同时在产品研发流程中工作。当我们努力聚焦到前进中的项目上，各个部门的优先事项都会变得一致。我们制定明确的目标，而市场研究可以立刻对于我们实现目标的程度给出反馈。

我们产品的时效性以及与产品紧密结合的销售规划和执行都能给予我们零售商竞争优势。我们的现场销售点和商店完全通过了执行流程的培训以及支持我们项目战略的培训，所以他们可以热情、懂行地进行销售。

我们的零售商能看出我们的项目具有前瞻性、进取性，很适合他们。他们立刻就注意到销售额和盈利上的影响。我们的产品完整、及时地到达，而且包装也便于登记与处理。那些负责销售这些产品的员工都拥有必要的工具，接受过必要的培训。我们与零售商拥有强力的伙伴关系，朝着同样的目标和成功标准共同工作。

我们已经说过，撰写并传播"改变的理由"和"愿景宣言"是再造的第一步。清晰表达沟通这些主要信息是领导者的个人责任。只有具有领导者地位和影响力的个人才能制定并沟通这些关键信息。

公司的高级经理团队，即领导者的下属同事们，代表了这些信息的第一批听众。要让他们将这些信息听进去不是容易的事，因为这些信息说的是这些经理掌管的公司需要重大变革，所以只有职位非常高的领导者才有足够的威望和影响力说出这些主张。另外，公司外部的人员（例如顾问）这时也可以帮上忙，因为他们没有偏见，不是公司内的既得利益者，所以公司内部人员可以将他们当成客观的第三方。很难告诉高级经理们公司出了问题，因为这些经理都在创造现有公司的过程中扮演了重要角色，所以在与他们沟通"改变的理由"和"愿景宣言"时，外交手段和可信度就尤其重要。

告知高级经理们之后，就轮到公司其他人员了，所有人都必须知道这些信息。"改变的理由"和"愿景宣言"是连续不断沟通齐鸣中的头炮，以争取整个公司同意再造改革。

我们在后续三章中探讨三个迥然不同的公司，看看它们如何启动和成功地推进再造。

REENGINEERING
THE CORPORATION

第十章 公司的经验：杜克能源

从表面上看，1995年时的杜克能源公司并没有多少再造的理由。它的客户服务质量足够高，而它的能源成本在全美范围的同行公司中都算是最低的。其他的电力公司如果能达到杜克能源公司那样的表现肯定会庆幸不已。

但是成功的公司知道，领先其他公司的标志就是愿意冒险去成就更多。杜克能源就是这种公司。长久以来，杜克能源都被认为是行业领导者，它多次获奖，获奖领域包括效率、客户服务以及环境管理。

的确如此，1999年，杜克能源公司（1997年由杜克电力和主流天然气公司泛能源合并而成）被《财富》杂志评为"全国最受尊敬的天然气和电力公司"。正因为如此进取，所以当总部位于北卡罗来纳夏洛特的杜克能源公司一听到能源管制政策有可能撤销的消息立马采取行动准备再造，也就不令人意外了。当时的杜克能源总裁、后来的主席兼总裁理查德·普莱奥利意识到，如果公司还想在能源管制撤销后保持竞争力，就需要减少成本，且进一步提高客户服务水平。

普莱奥利启动了引擎，但意识到公司需要革新来完成普莱奥利目标的人是负责零售业务的高级副总裁吉米·希克斯。希克斯在负责配电业务的高级副总裁费雷尔的帮助下，进行了实际的工作，使得杜克能源公司再造客户业务成了现实。

本书接下来的内容中，希克斯和费雷尔解释了原来的公司是什么状况，并分享了他们的日常再造经验。

希克斯： 1994年末，我离开了我们公司的信息技术部门，接管了公司的客户业务部门——我们把这个业务称为零售业务。输电网络系统是将高压电上的电力传输到需要我们服务的客户那里，客户业务就需要我们遍及各城镇的员工去保证电力传送。

换句话说，客户业务是将能源传递给公司客户的核心、灵魂和肌肉。正是这些工作人员在你的街道上拉电线、埋电线、接电线。他们查看你的电表、给你发出电费账单、接收你交的电费以及决定你的用电费率。他们是连接电力和客户家的渠道。

能源管制确定会被撤销之后，公司总裁即我的老板普莱奥利认为，如果我们要为竞争做好准备，那么就需要降低传送电力的成本，同时提高服务的质量。我们的服务质量已经很高了，但是普莱奥利的目标是公司服务质量达到电力行业最佳。一旦我们开始审视，我们的确发现了许多可以改进的机会。

费雷尔： 例如，以前客户需要公司人员上门服务的时候会致电公司，然后公司离客户较近的一个作业中心将客户需求打印出来。我们服务200万家客户，遍及北卡罗来纳州和南卡罗来纳州2万平方英里土地，所以我们公司在各处都有作业中心。

一名工作人员把客户服务需求表从打印机里拿出来，按照不同的预订上门服务日期放入不同的盒子。然后这份需求表会被转移到一线工人那里，以便他们按预定时间去上门服务。

所有这些交接工作都仅仅是真正工作的开始。更糟的是，没人试图决定一项特定工作是需要花费1个小时、2个小时还是多少时间。所以，有的工作人员外出工作只需要花费5个或者6个小时，而有的人花了一天时间也处理不了。

希克斯：这个现象透露：为了迎接降低成本同时提高服务的挑战，我们不能再如以前那样工作了。

从信息技术部门转到客户业务部门之前，我就已经开始思考并阅读关于流程以及如何再造流程的文章。我认为从流程的角度改进工作可以解决我们面临的问题。

与此同时，我们意识到需要替换陈旧的客户信息系统，那套系统是1971年建立的。我们很渴望有新想法，于是雇用了顾问来帮我们选择合适的新系统。

我们与顾问一起审阅我们的工作流程。所以那时我们已经开始从流程角度考虑，并理解我们如何运营了，但是我们还没有把流程当成客户业务的基础。

费雷尔：我们就是还没有专注在流程上。杜克能源审视流程时没有一致的方式。我们业务涵盖了13个不同的地区，所以有了13种不同的工作方法，每一种工作方式都稍加改动以适合特定地区的政策、当地员工的能力和当地分公司的规模。

每次你想改变一些事情，毫不夸张地说，你就需要改变13次，每个人都有许多理由说为什么这种改变对这种地区不合适。结果就是，什么都得不到改进。

低效率工作中蔓延的是低士气。开始探讨再造之前的五六年里公司已经进行了一系列的裁员，所以仅仅提到"再造"这个词语就吓到了一些人——不是因为他们听说过或读到过关于再造的负面宣传，而是因为他们觉得公司马上又要裁员了。

"你们知道你们会把公司改成什么样吗？"同事们对我们说，"我们的顾客不相信公司改革后还能提供令人满意的服务。"

员工之间开始流传某些公司启动再造但最后失败的故事。我认识的一些商业评论人认为再造太困难所以行不通。关于再造的错误信息到处蔓延。现在回想起来，如果我们可以重新来过，我们会提早宣传再造。

希克斯：为了能让球动起来——或者更好的说法应该叫"开球"——我们需要一个比赛计划来推广这个被叫作"再造"的东西，这场比赛需要球员，团队球员。事后看来，这真的像橄榄球赛，需要依靠许多人齐心协力达成一个共同的目标。

打个比方，橄榄球队需要一名进攻教练来梳理所有的进攻，也需要一名防守教练。而且，球队需要教练来教授球员如何打球，球队也需要球员来具体执行整个战略中属于他们各自的计划。

这也是流程工作的方式。有人执行维护工作，有人执行新客户工作，有人处理出现的问题等。他们必须相互交流。经理的工作是教授他们流程。一旦人们从球队的角度审视我们的计划，他们就开始懂了。

我们从定义和分析主要的客户服务业务开始，客户服务一共涉及5个主要流程，每个流程都有一名流程负责人负责工作设计和需要的资源。这些流程如下：

1. 开发市场战略。这意味着搞懂客户需要什么，创造出客户需要的产品，为产品定价，然后设置市场份额目标。

2. 获取客户，维护客户。这需要与客户互动，从推销产品到通过回答服务问题让客户高兴等都包含在内。

3. 交付产品或服务。一旦产品被开发出来卖给客户以后，公司就必须遵守对客户的承诺。这个产品必须优质，而且交付及时。

4. 计算并收集货款。完成一个订单以后，你必须将账单交给客户，然后当然要收钱。

5. 管理交付系统。保证电力基础设施正确工作非常关键，因为需要保证客户一天 24 小时、一周 7 天、一年 365 天都能用电。所以我们创造了一个流程来保证流畅的、连续的供电服务。

最后，我们为这 5 个流程又添加了第 6 个流程：支持业务，包括无故障的保障信息系统、财务和相应的人力资源系统。

一旦我们定义并分析了这 6 个流程，所有人都能理解流程管理工作的概念。而且，我们还可以看到如何进行实际的流程再造行为。

费雷尔： 再造意味着彻底改变你提供服务的方式，改变你对客户的价值。识别并规划基础流程之后，你应该尝试利用信息技术来最小化工作转手次数、去除工作步骤，还要扩大你现在的管控范围。

换句话说，你把信息交到一线员工的手上，他们可以在最少量的指导或监督之下服务客户，其结果是员工可以当场回应顾客需求。此外，公司还能省钱，因为这个流程里涉及的员工人数少了。

希克斯就是那个有远见和实际行动，从上至下推进流程再造的人。但是我是他的初始领导团队中的一部分，我是负责交付产品和服务的流程负责人。从一名客户打来电话说出"我的新房子需要你们的服务"到电表记录下他的用电量之间的工作流程，都是我必须分析和开发的。我负责所有新业务扩展以及为200万客户进行运营和维护工作。

当我们规划这些流程时，我们发现了许多问题，其中大多数问题都是源自我们之前碎片化的工作方式。这种碎片化植根在公司文化里，这是我们需要改变的。

希克斯： 流程计划明确指出我们的业务结构没有效率。于是，我们决定将战略工作与战术工作区分开来。运营着日常业务的人再也不用同时试图搞懂如何解决明天的问题了。

我们告诉一线员工，他们的工作就是尽最大努力执行好流程，而重新设计流程和管理所需资源的责任是流程负责人的工作。

为所有的流程做计划时都突出了"某个流程的产出""另一个流程的输入"以及"对客户的效果"这三者之间的相互联系。而且，我们衡量每个流程的方式都将客户置于中心位置。例如，为客户发送账单流程是以准确度作为衡量标准。

很快，我们就意识到现有的评估体系严重不足。于是我们想了一个办法将我们的高层次目标（更多盈利和更好服务）与一线员工联系起来。这样的话，他们也能看见他们的行为与最终的总成本以及顾客满意度之间的联系。

当然，我们知道公司想要增加盈利的一个办法是增加销售额——而且

第十章　公司的经验：杜克能源

抓紧现有客户能让利润增长容易许多。不过为了做到这一点，你必须能够衡量你所提供的服务，无论评估结果对服务满意或不满意都至少需要有个评估体系。

我们的问题是，当客户告诉我们说，他们希望我们三天之内能修好不亮的街灯的时候，我们意识到其实我们不知道修好街灯通常要花多长时间。不过我们觉得这不重要。既然三天时限对于我们客户来说很重要，那么我们就设立这样一个标准：三天内需要修好95%的街灯。我们估计剩余那5%的街灯问题在地底下，需要工作人员带着重型设备去打洞。这种情况下三天修好就非常困难。不过我们认为95%的问题应该三天处理完毕。

现在，当技术工人外出维修街灯时，他知道如果三天内能修好，那么客户满意度将会很高（1到10打分，也许可以打9分）。我们监控顾客满意度，技术工人也知道客户满意了就能为公司创造收入。

费雷尔：是的。我们追踪客户满意度，回报是巨大的。我说一个我们改进工作的例子。

假设一名客户要求某条路上第1234号线路周一断电，还要求同一天对另一条路456号线路重新供电。每个要求都会创造一个订单。

当我们做评估的时候，我们发现我们在承诺日期完成订单的比例只有74%。

作为再造流程的一部分，我们引入了"积分卡"概念，这就为每个流程设置了特定的目标。其中一个目标是在承诺日期至少需要完成96%的订单。最近的12个月里，我们的员工在截止日期当日或提前完成了98%的订单——我们觉得这个表现还不错。

希克斯：你能看到这套评估体系可以大幅激励员工快速高效地完成工作，因为流程负责人和他团队的同事都知道顾客满意就能增加公司收入。当团队成员每个月拿到自己积分卡时，他们也能看到这套评估体系如何影响他们个人。

我们创造的评估体系是让每个人都能便利地看到目标并为之行动。要想顺利再造，在很大程度上取决于开放信息。通过这套评估体系，我们将客户服务的大部分责任下放给一线员工。当然这不是一夜之间就发生的，而是花了几个月时间。

一旦再造帮助我们理解流程，我们就能衡量评估了。然后我们从顾客的角度去量化这些评估指标，把这些关键的反馈给到员工，他们可以看到自己是否达到了衡量标准，如果达到标准有什么奖励。

我们也设计了薪酬激励——也就是说，工作业绩达到标准之上的某个水平，你就能拿奖金。

费雷尔：杜克能源实现流程再造后，提升幅度和效率最显眼的工作是日程安排。我们设立了一套系统来决定一项工作需要花多少时间，这真的是一个突破。

我们有各种各样的工作，从竖立电线杆、架设电线、悬挂变压器之类的重型施工，到诸如维修顾客损坏的后院灯、将拉出的电度表底座装回去之类的常规工作。

我们设立了一份指南，写着："完成这项工作应该用时 15 分钟；完成那项工作应该用时 30 分钟。"然后我们开始建造模板。每天早上，我们的行政团队会将工作打包，让员工进来选择他们的外勤工作。很快，我们就发现，我们常常把员工派出去一整天，但他的工作量却少于一天的工作量。

第十章　公司的经验：杜克能源

我们也开始用彩色编码来标注工作的优先级：黄色表示对顾客承诺今天做完，蓝色是工作3天内做完，绿色是指这种工作任何时候做都可以。以前，员工接到工作订单，然后一天里想干多少就干多少，然后把剩余的订单又放回文件夹。所有剩余的工作就要等到明天甚至等到下周。

现在，我们公司的日程安排专员（我们称他们为"装配工"）会挑选几个用时加总为一整天的工作任务，将它们打包发给员工，期望他们可以在这指定的一天内完成这批工作。

我们自己都为提升的工作效率感到震惊。不用迫使员工努力工作，我们就能增加生产力，因为我们只需要为员工创造出耗时一整天的工作机会就行。有了度量衡来指导我们，我们就能组织、合成出一套非常基础的步骤，以便我们在任何地方都可以用同样的方式执行任务。

我们也将卡车进行了标准化。以前，卡车上的配置物品都不同，所以固定搭档的两个人总是驾驶他们"专属"的卡车。如果别人来使用这辆卡车，他们就不知道车上的物件。

一些卡车上的资源足够使用一周时间——这些车就像滚动的储藏室——而别的车上几乎没有物品。现在，几乎所有卡车都可以相互替换使用了。

甚至我们组织休假的方式也改了。现在你不用向你的主管申请休假。相反，我们现在针对申请度假时间、打电话请病假、请假去看医生等都可以走不同的流程，由中央办公室来处理。日程安排专员可以预先知道某一天的出勤员工数量。

我们去除了日程安排流程中的直接监督，把以前混乱无条理地处理员工缺席的工作标准化了。例如，标准化以前，一名监管者可能派两个人外出去完成一个工作，而其实在另一名监管者看来只需要派一个人就能完成。

希克斯：看到杜克能源发生的改变，我们觉得再造过程中的努力都很值得，但是从一家传统的、等级化管理的公司转向主要依靠团队作业的公司并不容易。

我们从一家由上至下、由指挥链管理的世界变成了通过矩阵模型管理的公司，即流程负责人和地区经理共同为工作负责。各类流程在水平方向延伸到各类工作，而做决定的过程则是被垂直压缩成为员工日常工作的一部分。做决定的过程不再脱离于工作，不再需要上报请示凌驾一切的经理。

对于所有人来说，这都是一个巨大的企业文化变革。例如，以前我们的巡道员是每天从他们的主管那里接受工作："乔，你去那里做这个。"

相比之下，在由流程管理的工作中，中央的日程安排系统可以更有效率管理某天应该完成的工作量。日程安排专员把系统中的工作任务拼装打包分发给一线员工。

监管者的角色改变了。现在，他更像是一名促进者，要确保工作人员具备所有必需的资源来完成指定的任务。

员工也必须自我调整，不再从监督人那里领取工作，而是从日程安排系统中接受工作——顺便说一句，他们抱怨了。"这个日程安排专员不知道我这边发生什么，我以前是和监督人打交道的。"

我们努力克服类似的文化障碍，但我们必须要花大量的时间来教育员工有关流程管理事宜：为什么流程以那种方式工作，我们从中期望得到什么，我们的问题是什么以及再造如何解决问题，还有为什么以前的工作方式无法解决这些问题。我们也必须提供额外培训，教你如何执行新的工作流程。

我们从哈默公司请来了顾问，他们给我们介绍了一种类似"大富翁"的棋盘游戏——这种游戏是一种角色扮演类棋盘游戏，是很棒的培训工具。

第十章 公司的经验：杜克能源

玩家在游戏中运营一家虚拟的电力公司，通过掷骰子来做出经营决策。

巡道员以前从来不用担心做决定所导致的后果，而现在他们一整天都投着骰子，思考游戏。你应该看看他们脸上的表情，突然之间，他们会意识到做出"不要将某事标准化"的决定会带来损失。

虽然很费时、成本高，但是这个培训很值得，因为它帮助一线员工理解了做决定的商业意义。没有这个游戏培训，我们就不会再造成功。

如果不做这种程度的投资，就无法在通往变革的道路上走下去。你必须说服人们，你想让他们做的事情正确无误。

费雷尔： 不过一旦你的新公司再造完毕，你就有了一个很棒的平台可以前进了。"我们在任何地方都可以用同样的方式完成同样的工作。"这个愿景有着巨大的价值。你再也不用与"在这儿行不通"之类的抱怨打交道。你再也不用浪费能量去与人争论能不能做某事了。

我们已经能识别出机会并利用机会了。例如，在一些地区，我们严格控制每个新增客户的成本，这意味着我们在实现2.5%客户增长的同时，成本上升仅仅是因为通货膨胀。如果不考虑通货膨胀，我们实际上把每个新增客户的成本降了下来。

我们凭借低成本优势已经跻身于行业前25%。我们目标是进入行业前10%，我对实现这个目标很有信心。

希克斯： 如果有人正在考虑再造或者刚开始再造，很重要的一点是要意识到，当你改变流程时，并不是所有的事都能在一天之内发生。

工作效率在一段时间内可能不升反降，因为人们需要学习新工作和新流程。例如，我们的第一套日程安排系统就没成功。工作无法按时完成。

其结果是我们与住宅建筑商培养起来的良好关系受损了。

建造新房子的过程中，我们需要与建筑商紧密合作工作，但是在设计改进工作流程时，我们损害了几年间与他们培养起来的信任和亲密感。

我们取消了现场监督人，这导致了沟通失误。房屋还没有通电，建筑还没有完工，人们就搬了进去。我们的老朋友——建筑商们，这么说："你们没有提供服务。我们不知道还能和谁去说这些！"这种情况很糟糕。

不过，真正的再造不会退缩。我们复查了向建筑商提供服务的流程，然后向他们解释发生了什么。我们也给了他们一些新选择，例如让他们把申请传真给我们，这对于他们更容易。情况得到了改善，不过我们仍然在修补我们与承包商的关系。

切记，现实世界中，精心布置的计划不总是像在纸面上那样运行顺利。解决问题之前，有时候关系会变得非常紧张。所以你必须意志坚定——还要厚脸皮——像我们做的那样，需要指引变革。毫无疑问这种变革是痛苦的。

有时候反弹过于强烈，以至于我们不得不思考是否做过头了。我和费雷尔面面相觑，说："我们这么做合适吗？"但我们真心相信我们是正确的，于是我们相互鼓劲，继续完成这个工程。

我相信你可以用这两个办法中的一个来完成变革。你可以说："好，我们已经设计了基于流程的工作和公司。我们可以花一年或两年来充分过渡，一有机会就让人们换工作，逐渐增加人们的接受度，做一个相对平缓的过渡。"

或者，你也可以全心全意投入，说："我们今天就再造！让我们依照再造后的样子配置员工，在30天内完成。然后，由新公司管理这个变革。"

虽然我们有许多事情还不确定应该如何去做才能实现愿景，但我还是选了更激进的办法。这意味着立刻做出组织变革，而我还想强调一下再造的紧迫感，我想破釜沉舟。如果你采用的是渐进式转变，人们会试图倒回他们原来做事的方式。

公司转变到基于流程的方式之后，我们就可以去除公司的中层管理人员。一些中层经理转岗到了公司其他职位。我们为其他中层经理提供了很好的离职津贴。最后我们在公司4500个职位中取消了130到140个职位，被取消的职位中没有一个是一线工作岗位。

如此快速推进再造，就像是手术后揭掉绷带：绷带会粘在皮肤上，但是你动作越快，就能越快结束。

然后我们就可以专注于我们作为基于流程公司的未来。我们不能回到老路上，因为这些员工和他们的职位都不在了。我们必须让新流程起作用，这就有了责任感。

最难的事情是让一线员工相信这套系统能起作用。这方面花的时间远远超过我想象。有一个明证就是我们决定要把卡车标准化之后发生的事。

正如费雷尔之前说的，我们的巡道员以前把这些卡车装配成符合他们个人口味的专属车。但是，如果这些卡车能相互替换使用，那么我们就可以缩减车队的规模，而且即使在紧急情况下或其他卡车被使用时也不会降低效率。

但是，我们的巡道员却感到不安了。他们与专属卡车的关联感很强，所以强烈反对这个主意。他们说："这行不通！我出车的时候，车上可能会没有我需要的材料。"我们甚至还听到："那是我的车，我一直开着它，我清洁它，你们给我的车不是我的了！"

他们的抗议非常强烈，让我开始质疑将卡车标准化的决定，不过最后我们根据反馈意见修改了卡车设置的方式。我们倾听员工的抱怨并做了相应改进，这些都帮助解决了他们的愤怒。

事实是，总是会有人抗拒改变。但是如果你决心做出改变，那这就不是一个不可克服的问题。

费雷尔：我同意关键是要坚持。要达到成功，你必须要锲而不舍、坚持不懈。

不过，现在回想起来，我们可能并没有总是与员工保持足够的沟通。我们做了很多好事情，但是我想我们其实应该更加清晰地将我们期望实现的愿景与所有的员工沟通。也许，我们其实应该更好地解释为什么必须要改变，改变意味着什么；我们原本应该为度过惊涛骇浪之后的公司模样画一幅画。

而且，管理流程执行也很重要，因为这能让你较早成功，我们应该这么做但我们当时却没有做到这一点。我们是工程师，我们想啃下所有的事情然后再让流程发挥作用。我们本来应该意识到，你越早用可见的结果鼓励你的部队，你就越能成功。

我们的确在四个不同的地区将流程管理工作铺展开了，每块地区服务的客户数量大概有 50 万人，这个方法起了作用。第一个地区成了我们的试验田。他们坚定不移推进，因为他们能看到再造的好处，再造很有用。所以每当我在其他地区遇到问题，我就可以把我们在第一个地区所见到的改进拿来作证。

希克斯：我喜欢把一些我们与巡道员之间的不和谐插曲以及在其他地区遇到的问题称为"建设性的矛盾"。

当你设立了一家基于流程的公司，你有流程负责人掌控流程设计和所需资源，那么与现场执行流程的工作人员就一定会有矛盾。他们会从不同的角度审视流程。

有人会说："如果你正确执行流程，你用十个人就能完成。"而在现场工作的人可能会说："要我用 10 个人做完这个是不可能的。这需要 16 个人。"这时候需要缓一缓，大家坐下来搞清楚最终数字。

公司可以从建设性的矛盾中获益。如果没有这种矛盾，你的流程要么被流程负责人的观点过分影响，要么被一线员工的观点过分影响。流程负责人想要在完成工作的同时降低成本，一线员工则害怕工作过度、薪水降低。所以只能通过建设性的矛盾来决定如何平衡。

正如我们在杜克能源所见到的，想要改变企业文化并不容易。除非由高层推动，否则行不通。我的角色就是去推动。最重要的是，我的工作是说服这些流程负责人我们的努力是正确的。我也帮他们设计流程，我们一起组织起了一个能加快再造的团队。

我在过渡阶段每周花 2 天时间（其实应该每周花 4 天）去到现场，领导工作，以及找寻流程负责人和一线员工之间合理的平衡点。那个时候，我觉得我去到现场的时间应该足够了，但其实如果让我再来一次，我会增加去现场的时间。

领导者需要鼓励每一名员工，即使他们觉得周围的世界都崩塌了，领导者也要告诉他哪些事是正确的。让他们知道你愿意学习，你会与大家一起进步。

最后，所有的事情都解决了。我们在纸面上设计出的工作流程，通过再造得以实现了。所有的员工也都理解了。

回想我们的经验，我觉得我们之所以能成功，最关键的是因为我们很早就选定了流程负责人。选对人太重要了。流程负责人需要具备多种性格，他需要不怕直面问题，甚至需要主动激化建设性、创造性矛盾。

另一个主要因素是需要一名知识渊博的独立促进人，让这个人告诉我们其他地方的流程管理如何工作。一名公正的促进人能帮你注意关键问题，处理好员工反对意见。

费雷尔： 今天，杜克能源公司里员工们的心情比之前几年舒畅不少。所有的顾客调查评价都很高，而且越来越高。《财富》杂志连续两年将我们评为电力行业"最佳客户满意度"公司。

我们不准备故步自封停留在现有成绩上。最近，我们开始对公司的工程业务进行再造。

我们已经有了经验，但是我们不断寻求新方法来改进流程以及利用好新科技。

现在我们正在将移动数据终端装进卡车，这样我们就可以把必须要有卡车调度员的地区从20个减少到4个。我们也要把手动将订单重新输入电脑的步骤去除，因为现在当卡车终端上有了订单后，它就会自动进入我们的主机。这也是再造。

也许，最重要的是，我们应付文化变革的信心和能力比几年以前有了大幅提高。

这种信心渗入了我们的领导力。其明证就是我们可以无畏地说："我们早就已经进行过再造，我们可以再次再造———一次又一次。"

许多杜克能源的经验我们现在应该很熟悉，但是这个例子也引出了一些新话题。第一个是关于流程的概念，它构成了整个再造的基础。

大多数公司将流程看成恶化的职能部门中碎片化工作的解决方案，这没错。但是再造还有其他用处，体现在杜克能源的例子中的是：工作一致性和工作纪律。

再造以前，杜克能源的 13 个不同地区的流程处理方式都不同，甚至多数是临时安排的。流程设计几乎都不正规、不标准。其必然结果就是工作低效率、不一致。

再造启动。

杜克能源的再造不仅提升了流程设计，而且将流程的概念引入了设计之中。再造将杜克能源的流程正规化和标准化了，这样就有了秩序不再混乱。这样就可以从容不迫地、有计划地进行工作，而不再是即兴工作。

正如在其他公司一样，杜克能源推进再造最难最有挑战性的地方是解决人的问题，而不是技术问题。希克斯和费雷尔告诉我们，要想再造成功，领导者就需要执着、"顽固"、保持一致性，即领导者在困难和反抗面前不会退缩。再造取得进展的先决条件是与全公司员工进行清晰沟通。而且，应该做好计划让再造在早期就取得一些成功，这会创造出热情，激发起动力。希克斯和费雷尔提倡破釜沉舟式的猛烈变革。这样是向所有人证明：没有回头路，只能向前进。

杜克能源的故事提醒我们再造中教育的重要性。流程再造后简化了许多工作，几乎没有非增值性管理成本，所以几乎不需要经理去追踪员工的工作。（正如杜克能源的例子，传统的经理角色即使没有完全消除，也削减了不少，这在再造中很常见。）流程中工作的员工必须得到授权，能够自主并且需要拥有商业知识去做出他们自己的决定，而不是请示老板。杜克能源专门为此花了不少费用设计了一个员工教育项目，现在已经证明这个努力很值得。杜克能源的领导者强调，教育解决了围绕在"再造"周围的困惑和误传。

杜克能源经验中最与众不同的方面是，再造只是其中一部分，他们同样提到了再造后管理，即管理一个从严肃的、持久的再造项目中新生的公司。正如德州仪器公司的再造领导者所说："你不能在一个职能机构上添加高效能的流程。"

流程再造是基于跨职能的、被授权员工组成的团队，这对于传统的、职能的、等级化的组织来说总是不自然现象。长期来看，能够匹配再造后流程的只有基于流程的公司：这种公司中，流程负责人不是短暂负责项目，而是负责流程长期健康的主要高管；业绩衡量体系的重点不是职能表现，而是总体的流程表现；员工的薪酬与他们执行流程的表现相关联；所有的人都理解公司的流程，也理解他们各自的工作是如何对实现公司目标做出贡献的。大多数公司都明智地决定转向以流程为中心，首先再造他们的流程，得到表现改进后的益处，然后再让公司结构与之对标。

杜克能源选择了一个更为激烈的方式。这家公司首先围绕流程进行了重组，然后重新设计并执行流程。这种方式不一定对所有人都适用，但是的确给杜克能源带来了巨大回报。不仅单个流程的表现非常突出，而且杜克能源公司作为一个整体，在复杂的、放开管制的电力行业中也走在前沿。这家公司以低成本获得了高客户满意度，这是所有公司梦寐以求的。1999年，为了向杜克能源的杰出表现致敬，能源行业主要公司以投票方式在《财富》杂志的年度调查中将杜克能源评为"最受尊敬的天然气和电力公司"。

再造之路的起点和终点都是一个以流程为中心的组织。流程重新设计后的益处需要一家基于流程的公司来支持和维持。那家公司可以为未来的再造提供框架。当流程成为公司管理的中心主题，衡量并重塑流程就不再是奇特事件，而是标准的公司运营中的一部分。在一个不断改变的世界中，这也许就是最终的竞争优势。

REENGINEERING
THE CORPORATION

第十一章   公司的经验：IBM

很少有公司能像总部位于纽约的国际商业机器公司（IBM）那样，先获得行业卓越和优势地位，又失去优势，之后又再重塑辉煌。

IBM就是"计算能力"的同义词。他们在研发上的巨大投资将竞争者远远抛在后面。西装革履的蓝色巨人销售团队帮助公司获得了市场份额，甚至IBM的股票也被认为是蓝筹股中的领头羊。

该公司在制造大型机方面拥有卓越的纪录。而且IBM还是推动个人电脑发展的核心力量。其实，IBM的形象甚至强大到当康柏和戴尔之类的公司开始经营个人电脑时，它们的电脑被人们当成在克隆IBM电脑。

当IBM在个人电脑市场的优势地位受到挑战时，庞大笨拙的IBM被它自己刻板的命令与管控等级制度所束缚，没有能够快速行动跟上个人电脑市场的变化。

可悲的是，到20世纪90年代初，IBM已经不再值得别人效仿。媒体和商学院将其作为反面教材，用来说明一家公司如何试图以曾经的辉煌掩饰现实的市场窘境。当路易斯·郭士纳在1993年接管IBM时，他发现公司活在它自己的影子里。

正如没有多少公司能达到IBM那样的成功一样，更少有公司可以重回巅峰。但是IBM传奇似的做到了。

IBM的利润提高了，它的股票暴涨了，公司又再次成了别人效仿的典型。这个令人惊奇的大逆转理应归功于路易斯·郭士纳。本章中，IBM的商务流程副总裁杰米·休伊特解释了流程再造如何帮助IBM实现转型。

杰米·休伊特：

直到最近，许多人还认为IBM是一家庞大的、官僚化的、反应迟钝的公司。虽然我们的产品线多种多样，我们的目标市场天空海阔，但是我们却没能跟上新出现的高效率竞争者。

到1993年时，我们真的陷入了危机。我们千方百计阻止业绩下滑，其中包括将IBM分成更小的、更容易管理的单元。但这些办法都没能带来所需的结果。

由于公司遭受了惊人的损失，之前的再造努力也没有成功，所以董事会任命路易斯·郭士纳为公司主席兼首席执行官。

他是从外部空降到公司的，他自己曾经是IBM的客户，所以他的观点与公司内部人士有些不同。他很明白科技越来越复杂，而且他还知道顾客的真正需求是能有人将分散的碎片条理分明地连到一起再给他们。他意识到了作为单一、整合公司的力量。

当郭士纳来到公司，宣布IBM不会分成更小部分时，总体来说大多数员工都松了一口气。但是一些人误解了，觉得这意味着我们要回到原来的运营方式。

从改变公司的那个决定开始，IBM选对了道路，最终在当今的电子商务时代中冲上了潮头。这段历程中，我们变得与1993年的IBM截然不同了。

郭士纳和高管们关注了两个维度。第一，他们关注了公司短期运营。简而言之，我们必须把成本和周转期降下来，把顾客满意度提上去。我们必须要让别人更容易与我们达成交易。

第二，他决定我们需要更加强调战略。除了支撑资产负债表的战术策略之外，我们必须成为一家更聪明、更快速的公司。我们必须用我们所有的资产和知识让IBM这家企业更有竞争力。

整合IBM意味着许多维度都需要改变：

- 从国家导向战略转变成基于细分客户和行业的战略。
- 从一家硬件公司转变成业务组合多样化（包括软件服务和科技）的公司。
- 从主要依靠内部销售力量转变成拥抱广泛的渠道伙伴。
- 从宣传产品转变成宣传IBM品牌。

这些新的运营和战略在公司内部产生了一系列新方案。最重要的是，通过设立常规流程来运营公司。郭士纳展望的工作方式就是依靠信息技术分享与合作的团队。

为了执行这些新方案，郭士纳采取了以下行动：

- 他为每一个再造项目都指定一名高管来负责。有了郭士纳的全权授权，这些高管们在公司内就有权力执行这些项目。
- 他使用"尊敬的同事们"信件与IBM员工们沟通重要信息。
- 他每个季度以及在主要高管参加的会议上都会评估每个新方案的结果。

我们曾经是非常"以国家为中心"的，即IBM在每个国家的运营都有各自冗余的功能，而郭士纳则强调，不同国家的这些分公司都应该是拥有共同特征的IBM公司。有些时候，促使公司抓住变革的就是点滴小事。

以前是"法国的IBM分公司""德国的IBM分公司"等，新方案强调的是"IBM在法国"或者"IBM在德国"。换句话说，我们希望所有人看到的是单一的公司个体。

为了将这种新思维方式转变成实际应用，我们重组了销售团队，期望新团队将解决方案销售给每个行业。为此，我们进行了以下改变：

・为每一个业务创造了单独的服务团队，专注于推动业务增长。
・重新配置了我们的硬件和软件，将科技团队重新定位为专注于诸如用于办公室网络的软件或服务器等组合产品。
・将所有人的关注点重新聚焦到关注客户，而不用管眼前最直接的事务。这是最重大的变化。
・强调支持我们外部团队的是IBM研发、常规业务流程、可供分享的信息系统和应用以及常规管理体系。

简而言之，以上便是我们全新的、紧跟市场的模型。

IBM做过许多重组实践。很久以前，公司曾经通过重组成功地传达过新的工作重心，但我们最近一次针对信息技术的重组却没有解决我们的问题，所以人们怀疑再一次重组能不能起作用。

在这一点上，郭士纳以前在IBM外部的经验正好帮了我们。顾客都非常信任他，这影响到了公司员工，也开始信任他的新方案。

你看，我们有许多长期客户，但由于我们无法满足他们不断变化的需

第十一章 公司的经验：IBM

求、无法解决他们的问题，使得他们感到极度沮丧。他们觉得我们笨拙低效、反应迟缓——就好像是我们以前建造的那种过时的、与房间一般大的电脑。

郭士纳很理解这些，因为他自己作为 IBM 的客户时也有此体验。于是，当他说他会如何改变公司时，客户们会仔细倾听。然后，当客户们看到他的承诺成为现实时，他们很快就表达了喜悦。

当销售代表开始收到客户的正面反馈时，他们对郭士纳计划的怀疑便消散了。

各级管理者都很清楚，虽然我们仍然有优秀的产品和优秀的员工，但我们已经陷入了困境，必须采用信息技术进行重大改变。要想让这个计划成功，所有人都必须相信郭士纳的计划，他会以身作则。

在他的卓越指导下，在他颇具人性的方案下，他成功激起了人们的热情。他公开表达了他对于本公司的失败和竞争者的胜利感到惊愕，这种情感在以前的 IBM 公司里是说不出口的。以前公司一直告诫我们不要"自贬到竞争者的高度"。郭士纳则采用了新的激情领导的方式。

他立刻改变了高管团队的工作焦点。他将主要业务部分的职责分派给他的高管团队成员，让他们负责推进行动。他们也负责让相关人员像一个团队一样思考和工作。做出工作决定的是各级管理者，而不是企业委员会。

一些人抱怨这种矩阵管理结构。他们认为这太难了。郭士纳要求我们在没有正式权威管控之下工作。他将"员工对谁负责"与"直接管控员工"区分开。简而言之，我们必须学习团队技巧和领导力等新技能，这些都不曾存在于我们以前的基因里。

郭士纳是个坦白正直的人，他直言不讳。他提醒那些不能以这种方式做事的人可以去其他地方工作。

再造就是改变 IBM 的运营机制；那就是说，我们已经将我们使用的流程和支持流程的管理体系转变成了更一致的、拥有全球大局观的组织。这是围绕我们全部业务的一次质变。

从我们定义自身的核心业务流程，并将职责分配给高管的时候开始，我们就开始全盘调整结构。首先，我们拆开原来的流程，检查它们如何运作以及还剩多少竞争力。然后，我们采用内部以及外部基准来重新设计流程、部署新流程，并提供信息技术系统支持新流程。

一旦新流程部署成功，我们会对它们进行评估。我们会观察人们的生活、行为或工作可以如何改变。这是一个系统工程：转变流程、设立应用、运行信息系统支持新流程，然后利用之前学到的知识再次开始转变。这是一个螺旋的、永不停止的旅程。

实际上，我们所做的大部分工作是直接、主流的再造。我们创建了一个相当简单、很容易理解的流程图，反映的是我们的主要核心流程：客户关系管理（CRM）流程、集成化产品开发（IPD）流程、集成化供应链（ISC）流程和履约流程。围绕上述流程的是一些支持性流程，例如人力资源管理流程、财务流程和采购流程。

即使流程中的一些事情改变了、成熟了，我们也还是一直用着这张流程图。这样有个好处，因为这张图很简单，所以容易理解，也容易与新模型关联起来：新模型里的供货商在图的一边、客户在另一边，联系二者的流程在中间。

我们原先为 IBM 公司确定了 11 个流程新方案。我们已经完成了 5 个流程，它们都经历了巨大的改变，实现了他们原先的目标。但是，转变永不停止。我们现在正在基于电子商务模式做出又一次转变。

发生在我们硬件和软件开发上的事就是流程如何团结公司的例证。最初，硬件开发和软件开发是两个分开的方案，但是团队很快意识到这二者之间的区别比原先预估的小。于是我们将这二者结合起来，现在作为一个流程进行管理。此外，这个流程现在还被用于研发服务和转型项目管理。

有些目标实现的时间比预期长，有时也需要重做一些你认为已经结束的事情。我们在1999年完成了集成化产品开发流程，2000年也许是2001年完成集成化供应链流程，完成履约流程和客户关系管理流程的时间比原计划晚。

基于流程的管理和再造的其中一项挑战是，纸面上看起来不错的不一定能应用在现实世界中。例如，我们原本应该预见到，公司需要完全改变战略才能与客户关系管理流程匹配，但我们没有——这个流程拖慢了团队工作。

他们只是专注于帮助受表彰的IBM销售人员更好地推销。但实际上，我们现在已经有1万名销售人员以及4.5万名合作伙伴（经销商、分销商等）。我们不应该为我们的内部能力这种狭小议题而争吵，而其实应该仔细审视业务的真正方向，思考流程应该如何包含我们的合作伙伴。最后，我们不得不对原方案做大量改动。

履约流程也有难度。我们决定采用套餐式企业管理解决方案（SAP）系统。但是，我们不仅对于套餐式转型缺乏足够经验，而且我们原本应该做出坦率的、基于业务的决策，但我们没有。当开发和部署流程时出现了问题和矛盾，我们只能立即讨论，这就拖慢了整个流程。不过，我们学到了宝贵的经验。

很显然，我们在过去的五六年里已经经历了重大改变。郭士纳决定将每个流程都分派给一名高管负责，这增加了再造项目的稳定性，这是IBM成功转型的关键。

这个办法能成功，是因为公司执行委员会里有人对流程负责。可以有人负责数个流程，但是某个流程的负责人只能有一个。

从一开始，郭士纳就对团队成员明确地说，他们开发和执行流程需要对他们自己、对公司、对同事负责。由于这些流程是跨单元的，所以经理们必须像一个团队一样在一起工作。例如，你不能只在一个部门去做集成化供应链流程。你必须与所有部门一起工作：个人系统部门、软件部门等。其目标对整个公司和特定部门都有效。

从业务顶端就落实责任制的管理制度可以快速解决战略决策和战术问题。如果两名经理之间无法解决某个问题，那么就由整个委员会来决定——这种情况很少出现。与每季度评估结果结合起来，责任制是非常有效的管理方法。

这些年来，我们也改变了公司处理再造的方式，对此我们也有一些经验。

一开始，再造是一个向首席财务官报告的独立行为。负责再造的团队有自己的财务预算，他们专注于流程设计，与公司的日常运营区分开来。根据不同的设计阶段以及某个特定时刻需要什么技能，把许多人引进团队，完成工作后，他们又离开了。

而当我们开始部署重新设计后的流程时，我们意识到再造应该直接整合到业务中。否则，处理新流程的人只对再造项目的财务预算负有盈亏责任，但却没有涉及流程设计的应有方向。这个人会向领导解释他会如何操作来让改变发生，但这并不总是起作用。

各级部门有他们自己的提议和优先事务。部署新流程和支持工具通常都不在他们的优先名单之上。而且，即使这个部门的员工也参与了流程设计，他们通常都会总结说这些流程对他们特定部门起不了作用。显然，这种反抗即使没有阻碍流程部署，至少也延缓了部署。

为了补救这种情况，我们保持流程团队完整，然后将他们的职权扩展到包含信息技术开销，并将他们从各自公司层面转移到由负责该流程的高管直属。例如，负责客户关系管理流程的经理是负责全球各地IBM公司销售的高管。客户关系管理流程的再造团队现在直接向他报告，成为他的管理体系的一部分。

各地IBM公司层面所做的相应改变就是将信息技术和业务整合到一起，与运营单元保持一致。

公司面临的大环境是互联网、信息技术以及公司的流程以前所未有的方式纵横交织在一起。我们现在要将IBM转型聚焦到电子商务上，我们为首席信息官增加了互联网职责。我们意识到"网上"公司可以无缝连接流程、信息技术和互联网。我们已经完成了2/3，所以很容易就可以添加互联网职责，完成整个规划。连接流程与信息技术不是IBM独有的。整个行业都是如此。

再造过程中，你必须改变你的管理体系以顺应不同阶段的转型。所有人都要学会灵活、适应环境，时刻准备着在遇到障碍时做出改变。

基本上，我们的管理层调整得还不错。当我们愈发能够获得新方案中承诺的益处，这种调整就愈发容易。当人们看到真实业务改善时，他们就相信了。

当然，仍然会有突发问题。我们停留在做决定上的时间太长了，其部分原因是因为我们相信我们能得到"正确的"答案。这就是典型的优柔寡断。我们学到了很重要的一课就是通常可以有多个答案——你只需要选一个就行。

我们再造项目中的另一个元素是采用统一方式设立目标、评估员工、发放薪酬等。这是我们再造人力资源流程的一个主要部分,我们将其称为"个人业务承诺",这是级联式的。

董事长每年一次使用常规框架定义出他的"业务承诺",这个框架涉及三个方面,分别是:胜利、执行和团队。他会将他的目标告诉那些向他汇报工作的高管们。

那些高管们转而参考他们特定的职责来进一步定义这些目标,其中也包括如何衡量成功。然后一直级联至他们的团队,通达整个公司。

每年1月份,公司会根据员工达成目标的程度对全体员工进行评估,然后他们的薪酬是根据所在单元的整体业绩而确定。对单元整体业绩打分的依据是它对一系列之前承诺的再造目标的完成程度。

决定这些奖励时不需要猜测或主观观点。薪酬是基于客观的评估。这是一个很透明的体系,基于业绩结果和流程度量做出评估。

我们将员工的薪酬称为可变薪酬,其薪酬增加或减少会根据再造目标的一系列目标而变化。个人的可变薪酬是根据他的个人表现和所在团队的总体表现而定。我们提高了可变薪酬的门槛,从而依照IBM整体实现的结果来奖励员工。简而言之,我们让员工直接参股IBM的成功。

当我们将员工薪酬与再造目标的成就联系起来之后,我们发现员工在关注度、兴趣和参与度方面都有了巨大飞跃。

但那只是我们让人们真实感受到再造的其中一件事情。我相信,员工参股和参与度已经逐渐发展到了新的高度,现在在公司的各个层面,再造都是令人信服的议题。

例如,每年公司会颁发"董事长奖",奖励给在客户关系方面表现卓越或者为提升业务运营做出最大贡献的一个或两个团队。通常都是奖励给与客户直接接洽的团队。但是在1999年,这个奖励授予了采购流程团队,因

第十一章 公司的经验:IBM

为他们在将采购流程重塑为电子商务方面取得了巨大成功。

郭士纳的挑战是要将 IBM 转变为全球首屈一指的电子商务公司,而这个团队则将目光聚焦在想要成为 IBM 公司内最好的电子商务流程。他们的结果好得令人惊讶。

采购订单的处理时间从 1 个月缩短到了 1 天。签订合同需要的时间从 6 到 12 个月缩短到了 1 个月。平均合同长度从 40 页缩短到 6 页。以前的采购流程是纸面化作业,而且都是各自为战,没有规模经济也达不到谈判大合同的资格,而这个团队则完全改变了采购流程。

对于了解采购的人来说,最有趣的是我们的单独采购率下降了——从原来的 30% 下降到不到 2%。按照定义,由于单独采购是独立于流程之外的采购,所以单独采购就意味着条款不好、条件不佳,而且也达不到批发价折扣数量。我们估计流程"之外"的采购每年要花费 60 亿美元,不过以后再也不用如此了。

还有一个额外的奖励,超过 85% 的 IBM 员工说他们对现在的采购流程很满意,而以前这个比例只有 40%。内部满意度是衡量流程团队成功与否的主要指标,所以这是卓越的成就。

我们从中学到的关键领悟是,与做其他事一样,执行再造也需要纪律。你设立目标、设置里程标志,然后以是否达到里程标志衡量你自己。这与将产品推向市场没有区别,必须认真对待这个过程。实际上,我们采用了与产品研发相同的流程来管理再造。

要想让业务从流程中获益,你必须全盘预测各种各样的项目管理方案。

需要从全局角度审视再造。这包括流程、支持流程的信息技术系统、使用它的组织以及你的企业文化。各个方面都形影不离地紧密相连,单一项目、单一时间期限内需要管理所有的方面。如果你仅仅一次管理一个元素,那么你会失败,因为它们是相互依存的。

也许我们学到的最重要的一课是,你永远不能低估与员工不断沟通的重要性。只说一遍不够。这件事你说过了,并不能代表所有人都听到了。你必须不断重复你说的话,而且要找到不同的方法来把信息传递给不同的人。

当然,IBM发生了重大变化,如果我不谈论再造如何影响工作和组织结构我就不称职了。

首先,我们的公司肯定变得扁平化,因为当我们在全球竞争环境中再造的时候,我们使销售团队更加灵活多变了。我们从结构中去除了一些层级,继而必然产生了裁员。20世纪90年代,我们的员工数量从40万人骤然跌落到28.5万人。

并不是所有的缩减都应该直接归因于再造。考虑到我们20世纪90年代初的亏损状况,我们总是要裁员的。但是再造能让我们公司继续前进,因为现在人们更自主了,即使没有经理指导他们下一步工作,他们也知道应该做什么。这转而将经理们解放出来,让他们把更多时间花在业务问题上。

某种意义上说,我们遇到的是"先有鸡还是先有蛋"的情况。由于再造可以简化流程,你就能让员工转岗或者裁员了。所以也可以说,既然我们总要裁员,所以我们更渴望再造流程。

从企业文化角度,也许最大的转变是转入了一个相互协作的环境。郭士纳成为CEO之前,我们并没有团队文化。IBM的战斗口号是个人卓越。郭士纳鼓励我们分享信息、分享成功与失败。当然,如果没有再造后的常规流程和基础设施,也就不可能有协作。

流程再造带来了一致性益处,其首要例子是我们的人力资源部门。我们现在IBM全球各地公司里的工作职责说明都是相同的。之前,IBM各地公司的工作描述都是依据当地情况而变,而现在不同部门的人可以对比他们的简历和技能水平，知道他们能用相同的语言沟通。

讽刺的是，我们完成流程再造的时间比预期时间长很多，但是我们也收获了比预期结果好得多的益处。一开始，我们无法完全理解再造涉及什么或者再造在长期能产生什么。虽然我们怀着希望和期望，我们也还是需要实际的积极结果来加速我们的再造。

如果有人想要考虑再造，我建议他尽早面对转型所要求的、艰难的业务决定。不要认为有人会把问题扫到地毯下，或者公司里会有级别比你低的人替你做出决定。这种"再造项目"并不会发生。你必须大力解决业务问题，积极地自上而下彰显领导力。我们没有尽早意识到这些重要问题，损失了时间。

虽然我们还没有在所有方面完成第一阶段，不过 IBM 已经进入了第二阶段，将 IBM 作为电子商务运营。

虽然我们团队的工作是"我们卖什么"，但我们再造所专注的是"我们如何工作"。因为我们已经走过了这条路，所以我们知道如何避免陷阱，希望我们也知道如何快速应对新陷阱。我们希望能从第一次再造中汲取足够的经验。

（休伊特叙述结束）

所有人都知道 IBM 完成了现代商业历史上最戏剧性的大逆转之一。正如杰米·休伊特告诉我们的那样，该公司大部分的复兴应该归功于它激情地拥抱了再造。战略和愿景很关键，但是如果没有运营业务的新方法，它们也只能是一堆纸而已。

实际上，杰米·休伊特描述的再造项目是 IBM 第二次再造。20 世纪 90 年代早期，IBM 是尝试再造的第一批企业之一。我们曾经为数百名 IBM 的雇员开过讲座，教了他们许多实用的技巧。

但是IBM的第一次再造没有成功。虽然召集起了设计团队、学习了现有流程、开发出了新观点，但是真正的改变却没有发生。为什么？为什么该公司四年以后的第二次再造如此成功？一句话，因为领导力。四年后的再造是从上层开始的。只有当所有的领导者都拥抱再造，公司才能持续推进转型。

这句话很常见，也许甚至是陈腔滥调：只有由一名有激情的高管领导者推动，重大变革才能成功。IBM第一次再造没能顺利推进，因为它们被公司传奇式的等级制度所压制。如果没有高层强有力的承诺，再造结束的时候就只有呜咽，而不是巨震。IBM以及许多尝试再造的其他公司中，我们看到公司的症状是管理层在激烈对抗变化，但是嘴上却不承认不愿改变。这些症状包括：伪装成实质性辩论，其实是挣扎着保护自己的势力范围；关于权威的无尽争论以及分配的资源又被拿走。

郭士纳和他的高级经理们改变了全部症状。他清楚表达出了IBM新的战略愿景：一家通过在全球运营常规流程满足客户需求的公司，避免各地分公司或各个产品团队按自己方式行事所导致的分裂化。郭士纳对公司结构做了改变，而且在必需的时候，也改变了高管团队以便让其匹配公司愿景。同时，他也做出了重大承诺，要将再造作为公司创造新流程，转变成新公司的手段。

通过他强大的沟通技巧，郭士纳让人们相信了他的愿景，说服IBM公司各个层面，让他们相信这种改变是绝对必要的，而他也一定要看到这种改变。做出这个承诺之后，他便不再忍受反对意见。他会提醒员工要么拥抱再造，要么另寻高就。他首先将每一个流程的个人责任分派给一名高管，然后将奖励与流程表现联系起来，这样就将对于再造的支持植入了IBM的

第十一章 公司的经验：IBM

管理体系。有了这种层次的激情和承诺，那么 IBM 第二波的再造取得巨大成功就顺理成章了。

除了领导力威力的经验之外，我们还能从杰米·休伊特的叙述中收集其他的重要领悟。有一个需要提及的经验是，执行再造时必须遵守纪律。IBM 为理解流程、重新设计流程以及执行流程开发了一套方法，然后在全公司部署了这套方法。

另一个经验是再造不是一个独立行为。它与信息系统管理紧密结合在一起，因为科技是新流程必不可少的促进因素。

然而还有另一个经验，正如恋爱一般，再造过程也从来不会平坦。休伊特这么说："纸面上看起来不错的不一定能应用在现实世界中。"你必须做好犯错误的准备，准备返回去重做。即使是 IBM 公司的流程名单也会逐渐改变，因为人们会对流程思维拥有更深入的了解。

另一个洞察是，再造必须成为各级管理职责的一部分。一个集中的再造团体可以对再造技巧拥有权威，还可以提供一批再造人才，但是各级管理必须对提高流程结果负责，否则再造项目会恶化成相互揭短和相互指责。

IBM 的再造极其成功，但是他们没有躺在功劳簿上睡大觉。他们曾经以为他们的许多流程都已经完成，但现在，他们又一次要返回重新思考。为什么？因为互联网。郭士纳为现有愿景和战略上又引入了新一层愿景和战略。如果 IBM 要提供电子商务工具和服务，那么它自己也必须是电子商务公司。然而，即使是经历了那次再造之后，该公司的大部分流程也不适合互联网。所以现在他们要再次工作，不用怀疑，这也不会是最后一次。郭士纳和 IBM 的其他人都不想公司重蹈 20 世纪 90 年代早期衰败之覆辙。再造作为公司在数字世界成长和领导力的基础，会在 IBM 得到存续。

REENGINEERING
THE CORPORATION

第十二章　　　公司的经验：迪尔

迪尔公司位于伊利诺伊州莫林市，其历史与过去150年来美国中西部农业的兴衰紧紧联系在一起。

该公司是在19世纪初由一名叫作约翰·迪尔的铁匠创立，1868年改制为迪尔公司。该公司第一次名声大震是因为开发出了自冲式钢犁，这种钢犁可以让农民在中西部极其肥沃的土地上成功耕种。从那时开始，迪尔公司茁壮成长为全球最大的农业机械制造商与顶尖的建筑和草坪护理设备制造商。

1998年，即使美国的中心地区还在挣扎着度过粮食和牲畜价格下跌的艰难时期，迪尔公司的销售额却增长了8%，总销售超过130亿美元。该公司成功的多元化战略得到了回报。（正如迪尔的商业和消费者设备部门主管对《福布斯》杂志所说："无论大豆价格是涨是跌，都总是要除草的。"）

不过，迪尔也不总是能在农产品价格风暴中获得增长。该公司在20世纪80年代中期的经济不景气中也煎熬了一阵子，之后公司恢复了健康。但是当20世纪90年代初农业再次遭受艰难的时刻，迪尔的销售额和利润就像初夏冰雹过后的堪萨斯麦田那样被打倒了。这对于1990年开始担任该公司主席兼首席执行官的汉斯·贝赫勒来说真是最令人讨厌的形势变化。

这时，迪尔公司开始着手进行再造计划了。虽然再造一词对于迪尔很新颖，但是该公司对这种改变并不陌生，他们10年前就对制造过程进行过重大改造。然而，这次公司开始的再造最后几乎触碰到了这家令人尊敬的生产商运营的每一处角落。熟悉迪尔公司变革方案的加里·切斯梅说："再造改变了你业务的所有方面。"实际上切斯梅相信，再造已经使迪尔公司转型成为一家有适应能力的公司，能够抵御过去那种曾经让公司陷入困境的周期性低迷。

切斯梅有力推动了该公司早期的再造，并一直担任迪尔建筑设备部门的工作流程和信息主管。以下是他与麦克斯·吉恩叙述他们的经验以及业务流程再造对于公司意味着什么。吉恩经历了迪尔公司位于艾奥瓦州迪比克时的制造业务的早期再造。

切斯梅： 20世纪80年代早期，人们开始把中西部地区称为铁锈地带，制造业因陷入困境而遭受极端压力。那种局势意味着"不改进就死亡"。制造业务需要提升能力才能有竞争力。

迪尔公司实施了一个能够产生根本性变革的项目，后来人们把这种改变称为再造。我们首先专注于提升工厂车间的生产制造流程。我们取消了物料转移、半成品以及库存，并创造一些分级的流程中心取而代之——我们将这些流程中心称为制造单元、制造模块以及焦点工厂。

首先是制造单元。我们的想法是将一个流程中类似的部分放到一起，让一名操作员制造整个部分。这就自然引出了制造模块。我们重新布置了车间，将同一个模块中用来装相同组件的不同隔间安排在一起，这样就能很容易地组装模块。这等同于在工厂中创造一个小工厂，可以去除大部分

第十二章 公司的经验：迪尔

在制品库存，而且这些工作能够交到具有自主权的团队手中。

1980年，如果你站在二楼夹层俯视车间，你会看到一大堆机床和四面八方运送物料的叉车。操作工在重复着同样的操作——也许在制造或钻孔，也许在将某个部件折弯——从早晨上班到晚上下班都是如此。

现在如果你再俯视车间，你会看到截然不同的景象。它看上去像什么都没有发生，因为再也没有了物料转移，没有了忙碌的叉车。人们操作一些机器造出整个部件。当一名工人制造完成一个部件之后，部件就会经由流水线被转移到过道另一边的模块，这种模块有4个或者5个。当然，仍然有机器在移动，但是车间里物料转移的程度比1980年少得多了。

整个20世纪80年代，迪尔都在对车间进行这种再造，但当时还没有发明"再造"一词。我们在1989年听到迈克尔·哈默在旧金山的演讲之后才开始接触哈默。之后的1990年，公司以再造之名开始了第一次变革。

基本上，我们要将从车间中学到的概念应用到业务流程上。虽然公司拥有了先前重大改变的经验，但这次再造仍然特别困难。实际上，我们第一次再造尝试以失败告终。

公司安排我们4个人领导这个从1991年4月开始的新方案。但是开始的前几个月，我们的时间都花在了搞清楚再造到底应该包括哪些内容！因为我们不知道如何开始，所以1991年的夏季我们都与公司的经销商在一起，试图与顾客建立联系。我们知道，我们必须更好地了解我们的顾客。到夏季末，我们去听了一次迈克尔·哈默的课程。到秋天的时候，我们觉得我们至少对需要改变什么有了感觉，于是我们开始了迪尔公司的第一个再造项目。

我们犯的错误是，第一次再造的关注点太大了。我们一开始再造的项目是我们业务的核心，是农机业务的订单履约流程。回过头再来看，我们当时推进的计划也许缺乏细节。那次再造过于概念性，于是人们如此回应："工作没有出问题，为什么要改变？"也有可能是由于农机业务多年累积的文化，这种文化根深蒂固，人们害怕那种程度的变化。我们试过消除那些畏惧，但最终我们还是搁置了农机业务的再造。

那个时候，迪尔被分成8个部分（负责不同业务的事业部和地区分公司等——译者注），所有部分都是独立管理的。所以我们当时决定询问其他事业部和分公司，如果他们对我们有兴趣，就可以邀请我们进驻该公司去做再造。我们是让他们来找我们，而不是从外部逼迫改变。突然，各个公司的再造邀请开始涌入。

有一个理论说，先要从你的边缘业务进行突破，有了成功范例之后再处理业务中心。我们的经历证明了这个理论。第一个邀请我们去做再造的是公司的保险业务，这并不是公司的主要业务之一。之后有兴趣的是墨西哥分公司、澳大利亚分公司，然后是草坪和园林业务。逐渐地，再造项目围绕着我们农机核心业务螺旋增长。

于是我们学到了最好从小处开始，从边缘业务开始。当然，你需要出结果，这种成功会吸引更多的兴趣。我们的每一个再造项目都会带来另一个再造邀请。但是你也必须意识到，有些再造项目会比其他的更成功，而有些再造可能因为种种原因不成功。

第一个推进的再造项目是迪尔保险，这个业务是为经销商提供商业保险。这些经销商包括迪尔设备经销商、汽车经销商、船舶经销商、游艺车经销商。那个部门需要为保险合同重新设计理赔和报价流程，目的是减少处理周期和处理文件的员工数量。

当保险部门收到客户要求时，这个客户要求会被放入一个印有条形码的文件夹。然后这个文件夹就会在公司内流转，以便让所有人执行他们的专门任务。大约 30 天以后才得出最终报价。这种情形就与我们在车间里遇到的情况类似，只不过保险部门的员工不用磨削钻孔而已。他们执行的是承保业务，评估经销商的风险并给出报价。

我们将这个业务再造为让"个案团队"来处理，于是迪尔保险就能够大幅削减处理周期——削减了原来周期 40% 的时间。当我们为其引入电算化后，得出最终报价的周期再次缩减了 40%。

保险业务变革成功的消息传播开了，于是其他人也来赶时髦。1992 年，墨西哥分公司总经理请我们去那里再造一些流程。他在与迪尔保险的总裁交谈过后就打定了再造的主意，不过他希望我们去说服他的公司同意再造。所以我们去了墨西哥，花了一天时间与员工交谈，指导他们理解流程。

我们在墨西哥分公司再造了工具和拖拉机的订单履约流程。之后，我们为一些人做了如何再造的培训。他们自己设立了项目组，于是墨西哥分公司基本上就可以自主再造了。

我们的再造团队很小，只有 6 个或 7 个人，但我们在 1993 年成了一个独立部门。我们送员工去听哈默讲解再造的课程，另外公司内每年也会开设 2 次或 3 次课程和研讨会。我们作为促进者，与公司的各个项目团队一起工作。那个时候，各个公司对再造的需求非常高。

我会去到现场访问团队，并与那里的领导者一起工作。每一个再造项目都有一名负责人、一个督导委员会，还有一个由 12～15 人组成的团队来进行整个流程再造。

我们审查了 15～25 个项目，这些项目越来越大。很快我们第一次有了从流程角度，而不是从车间角度，真正接触公司主要工厂的机会。我们将这些事务称为向订单履约流程"下订单"。

我们在那个领域的第一个重大突破发生在迪比克的工厂，那个工厂制造施工设备——就是你在施工现场和道路工程项目中看到的黄颜色的机器设备。总经理迈克·崔普雷特的推动产生了巨大的进展,他负责两个项目。

第一个项目涉及再造订单履约流程,即从工厂接受订单开始直到货物配送完毕。第二个项目是再造产品研发流程,即从产品概念阶段到第一批产品出货。再造之后,人们重新布置了车间,在流水线边上新设了订单履约团队,产品研发被分成两部分,一部分与订单履约团队合并。这两个再造项目都非常成功。实际上,连董事长都亲自赴现场查看再造成果——影响就是如此深远。

吉恩: 1993年,我为迈克·崔普雷特的迪比克工厂工作,很多人认为那个工厂是再造的起始点。需要明确的重要一点是,我们不是为了再造而再造,我们专注的是改进业务。我们将再造看成帮助我们实现目标的工具。

我们专注于提高质量已经有很长时间了。突然间我们意识到,质量的问题不仅仅涉及我们的产品——我们员工和服务的质量也很重要。这就让我们思考:如何才能打造一些能够提升产品质量的工具,并将这些工具应用到业务领域。

在再造的术语中,首先出现的是流程规划,因为如果你不能定义流程你就不能改进任何东西。我们得出的结论是我们需要规划管理流程。我们最后识别出了一个被我们亲切地称为"领导流程"的流程图,用来描述我们公司如何承担领导功能。那对我们非常有用。

与此同时,我们对订单履约与产品交付流程也进行了再造。但是直到我们开始以另一种方式考虑自己的工作之后,我们才真正理解如何将那些事匹配在一起。我们真正明白了,作为管理者,我们必须持续评估工作的环境以及在这个环境中工作的方式。我们也有责任将战略意图和公司愿景

第十二章 公司的经验：迪尔

与大家沟通。

所以，规划领导流程使我们从流程的角度看待管理。这让我们专注于自己领导团队的责任，并且还给我们提供了一个机制，以便我们能与大家沟通公司最重要的新方案，并启动该方案进行再造。

那个时候，我主管供应管理，而采用更严格的方法使得我意识到供应管理功能本身对于公司来说价值并不大。它实际上只是订单履约流程和产品交付流程的促进者，而我们的顾客对那两个流程有着明显的要求，也通过那两个流程判断我们的表现。

明白了！我意识到，顾客不关心我们公司内部的功能或特定行为。他们只关心结果，即他们是否可以用较低的价格、在正确的时间获得正确的产品。

所以这个领导流程的想法就是去除典型的局部优化（**局部优化是增加对某局部单位便利的同时减少对另一个单位的便利——译者注**），例如如果有人试图在供应管理上达到最佳，那么就无法在改进产品质量上达到最佳。

我们在 1994 年第一次开发出了产品交付流程。那是我们第一次真正坐下来，以定义流程的方式审视产品交付和授权将产品送达顾客的工作——这对于我们来说是革命性的想法，因为这使得我们专注于构建托管和跨职能团队。而在以前，产品交付仅仅被看作发生在工程、供应管理和制造上的一系列特定行为的结果。

再造以前，我们有一长串的新产品最后虽然成功了，但是经常在启动阶段有些问题——例如进度落后、成本超支、产品质量不稳定。流程再造之后有了巨大改进。例如，我们最近由迪比克工厂出品的一款重大新产品上市之初就比它要取代的老产品可靠一倍。同时，制造成本却降低了 10%。

我们在供应商整合方面取得的进步也许是最大的，不过也许还有更大的提升空间。分析产品交付流程（PDP）能帮助人们重视供货商，将供货商当作我们工厂的延伸，而不是仅仅看成供应给我们原材料的人。设计产品交付流程时我们清楚意识到：在 500 公里外的场地里设计零部件的人（甚至地球另一边设计零部件的人），他们与我们这些坐在迪比克工厂里的人一样，会对我们的顾客产生影响。

再造部门的早期工作就清楚表明了流程的力量。部门经理下决心要用流程改变部门并促进与顾客的联系。一旦流程从头至尾锚定住顾客，就能促进公司在战略上专注客户。公司专设了一名主管来协助这个转型。

第一个涉及全部门的流程是订单履约流程。我们经历了一些早期再造项目，得到了一些结果之后，便着手开发了这个全部门的流程。这个流程的成功要直接归功于公司总裁的决心和领导力。我们相信这个改变能将我们订单履约流程的时间缩减一半。我们将这个流程称为"从预测到现金"流程，因为按照我们对其的定义，这个流程是从经销商根据顾客输入的信息预测产品需求开始，直到经销商从顾客处收到产品货款结束。我们相信，那就是包罗一切的订单履约流程的定义。

1993 年或 1994 年，当我们第一次再造订单履约流程的时候，我们将这个流程定义为从接到经销商的订购单开始，到送出订货，流程就结束。与今天的"从预测到现金"流程相比，以前的定义实际上仅仅代表了整个流程履约的一个非常小的部分。对我来说，这个定义上的改变表明公司认识到：要着重关注顾客需求而不是关注公司内部或职能上的需求。

不过，正如我早先所说，对我们来说，规划领导流程本身就很有威力。订单履约流程和产品交付流程成功的关键是将再造应用到了正确的公司层面。这就是为什么将领导力也当成流程看待对我们如此重要。这不仅仅是改变一个流程，而是改头换面。

第十二章 公司的经验：迪尔

切斯梅：迪比克工厂项目真的引起了迪尔公司最高层的注意。就像雪球效应一般，农机公司又请我们去审视他们的耕作农机产品业务。这些产品是被牵引车拖在后面用来翻搅土地、划出苗床的。

虽然没有全国性的竞争者可以制造类似我们公司的这种耕种设备，但是却存在 70 个地区性竞争者。该部门曾经挣扎着提升业务但并没有相应改善。所以我们遇到的真是至关重要的问题，必须找出办法让该业务顺利运营下去。不过，这种情况中也有有利的一面，即所有人都准备好要改变了。

你必须要理解的事情是，这些项目成功的关键是高层领导的发话。此外，一个再造方案也必须得到足够的资源支持。兼职的团队无法取得你需要的那种能提升业务的突破。

但是无论公司高层的决心有多大或者提供的资源有多丰富，公司某处总是会存在抵制势力。最有挑战性的事就是处理员工的抵制。正如我们以前所说，正是因为员工的抵制迫使我们第一次针对农机业务的再造无法推进。

另一方面，墨西哥分公司却没有多少抵制。也许是因为该分公司刚成立不久，很多员工都是新来的。这意味着员工们在他们现有的职位上工作的时间还不够长。我们发现抵制再造的激烈程度似乎取决于员工在现有特定职位上工作的时间长短，而不取决于员工的年龄或总工龄长短。

人们在特定职位上会养成习惯，所以会对改变做出抵制。如果你想理解这个思维定式，你可以在早上刷牙的时候尝试换用另一只手刷。这非常困难。

吉恩：在迪比克，我们在例如工程等职能领域遇到了最激烈的抵制。要让人们记住我们是在为流程工作而不是为职能工作很困难，我们已经经历了这些挑战，并将持续遇到这种挑战。当然，我们公司里也有人就是不想做不同的事情，不想从大方向看问题。

我不是批评他们。他们不是故意对抗改变。我们过去30年来一直都是这么培训员工的，以前都要他们专注于最优化行为而不是最优化流程。我们需要重新对员工进行培训，这种培训的工作量已经很大了，而且会不断持续下去。

切斯梅：整个变革的想法会引发人们的恐惧。人们反抗是因为他们害怕。最近，我们已经尝试进行了一些我们称为"改变领导"的工作。这都是为了消除恐惧。

1998年11月，我们在迪尔建筑公司执行我们迄今为止最大的项目（"从预测到现金"流程）就是这样一个例子。我们以前从没有将订单履约流程定义得如此广泛。那次再造项目从诊断开始到全国范围内得到执行一共花了19个月，这对于改变迪尔这样复杂的公司来说是非常惊人的速度。

为了对付抵制和恐惧，决心再造流程的迪尔建筑公司总裁彼埃尔·勒鲁瓦最后对公司员工下命令说一定要进行再造。公司里的其他经理也说，已经有过再造成功案例了。所以，需要将再造作为他们个人业绩表现的目标之一。

为了对付员工和经销商的抵制，我们创造了一种类似"大富翁"的棋盘游戏，设备经销商在游戏中玩的是"订单履约"。

我们会让8~10名经销商坐下来一起玩这个游戏。大约玩了45分钟以后，他们会开始意识到这种新的"从预测到现金"流程其实也不是那么难。每月20日需要做完一些事情，其他事情需要在月底做完。寓教于乐亲身体验了两个小时的"从预测到现金"流程之后，经销商们不再害怕了。游戏的目的是让人们快乐，消除人们对于流程变化带来的日常运营变化的恐惧。

相信我，这需要大量的规划。我们并不习惯做这些——我们是造拖拉机的！但我们真的想用娱乐的方式传递出正确的信息。

我们还做了另一件事，从一家咨询公司买了一些小仪器，他们将这个仪器叫作"阻力系数"。不过我们将它称为"接受系数"。机器有一个数字按钮手柄和一个接收器，可以连到个人电脑，在屏幕上反映出数字。

我们设计了问题，然后从一个流程涉及的员工中选出不同的几组员工，每组代表一个利益群体，具体每个组的组员是随机挑选的，30人、40人、最多不超过50人。当我们向他们提问时，他们通过按手柄上不同的数字来代表赞成或反对的程度。这些反馈是不记名的，所以他们可以自由表达真实的意见。我们需要知道他们的真实感觉，这样我们才能有针对性地用信息和教育来对付他们的抵制。

我们根据这些调查结果定制了整个沟通战略。我们知道哪组人领会了含义，哪组人没有领会。车间工人？中层经理？再造项目会影响到哪些人，影响不到哪些人？

一些人反抗再造是由于受到媒体文章的影响。实际上由于"再造"一词隐含了许多负面含义，所以我们在1995年将其重新命名为"业务转型"。媒体没有理解再造，将再造与精简规模联系在一起了。但再造不是裁员，而是改变你工作的方式。从1991年开始，我们已经完成了许多流程再造，但我们没有裁员。

例如，我们需要减少迪尔保险公司员工人数，但是由于我们每年自然的员工流失率是15%，所以我们就利用人员自然流动将规模减少到了需要的水平。

还有许多其他的情况。我们曾经由于再造而为员工重新分配工作。我们也有一些特殊项目，例如自愿提前退休。有一次，我们做的再造项目是处理自愿提前退休而导致的人员流失。但是我不认为是由于业务流程再造直接导致了人们离开公司。

吉恩：化解抵制并传达消息的其中一个好办法——我觉得切斯梅之前提到了——就是从小处开始，而且要成功。让再造火起来的一个关键点是需要团队较早成功一次，然后宣传那次成功，让人们知道期望的行为和理想的结果。

早期的订单履约再造项目就是这种例子，产品交付流程也是。即使一些重大流程中的子流程也是展示成功和快速开始的机会。

当然，不是所有的事情都正确，我们一路上犯了很多错误。我们是将项目作为工程进行的再造，而我想我们本应该将它作为业务再造。我应该将这种思维灌输到整个业务或业务单元，而不是业务的一个地理位置或者一个特定的地点。如果那样，就能让生产制造和市场营销都一起同时度过这种转型。

切斯梅：我们早期的一些案子都是凭感觉完成的。如果从缩短了执行流程工作的时间周期这个意义上说，我们当然是成功的。这种情况很普遍，因为再造消除了你不需要的所有额外流程。

但除此以外，我们没有很好地追踪我们的改进。我们从没有为变革的正面和反面设置对照组。这一路走来我们甚至都没有犹豫过。但是，一旦你向前进了一步，如果你不能早些做出衡量，你就不能做对比。再造过程中使用某种积分卡也许能加速项目成功。也许我们本应该只需要2年就能完成4年才做完的项目，或者用4年做完8年的项目。

我们也本应该让高层管理者更早参与再造。我们本应该让再造较早成为管理结构的一部分。事实上，我们到1997年才越过那个里程碑。

1996年秋天和1997年前半年，我们向公司董事长建议，再造应该作为我们总体的业务管理战略的一部分，而不是仅仅存在于某个项目或事件中。他同意了。所以从1997年初，迪尔公司决定在质量控制领域也开始业务转型。

我们在全公司范围内召集了一支由10人组成的团队审视我们改进流程的方方面面——从5天就能完成的车间里的快速项目到需要好几年才能完成的整个业务流程项目。我们尝试制定出一套能推广到全公司和应用到业务各个方面的方法。我们花了一整个夏天，约10～12周，都在做这件事。我们访问了联合讯号公司和通用电气公司并借鉴了他们的经验。

有一个概念浮现了出来，我们将其称为"目标和影响"。领导力决定目标，流程重新设计决定影响。无论是将"目标和影响"应用到业务的小部分或大部分，你都可以遵循同样的流程。我们将这个方法命名为"卓越业务流程"，由我们的董事长在1997年11月在全集团公司范围内铺开。

现在，我们公司的年度报告里都会重点谈论流程再造，我们在莫林也设立了"卓越业务流程中心"，用来进行培训和教育。我们为"流程专员"设计了职位描述，流程专员是项目团队的现场领导人、促进者、促使变化的人。我们的每个部门里都有一些"优秀流程专员"。

自从"卓越业务流程"成了公司管理战略构造的一部分，项目进展更快了，因为员工知道这就是我们运营的方式。我们是周期性公司，但我们对股东的承诺是即使在行业最低潮时我们也永不亏损。我们努力工作去实现那个承诺，业务流程再造帮助我们成了更坚韧、更有适应能力的公司。

放眼未来，显而易见我们决意继续再造。有许多项目正在进行——项目从小到大排成长队。问题是我们再造的流程是否属于集团公司层面，是否能一直实现我们之前实现的突破。之前，我们已经组建起的团队成员数量大概是12～15人，他们能在子公司层面创造流程突破。但是集团公司层面的工作就需要大型团队，比如，需要30人或以上。但大型团队倾向于设计出不得罪人的方案。于是，进取式的、突破式的方案就被压制了。所以我们的工作需要克服团队心理问题。

再造改变了你业务运营的所有方面。所以，再造之前的你处于何种位置似乎无关紧要，因为无论你在哪个位置，你其实都在边缘，身处边缘能让你看到还有多少工作可以去做。身处边缘能让你持续前进。你学习越多，你就越能意识到还需要做很多。我们迄今为止一直在学习。

吉恩：是的。我们以前会围坐在一起思考：一旦我们完成这个订单履约流程，一旦我们敲定这笔用于新生产设备的投资，情况就会稳定一段时间。

我现在知道那永远不会发生。我不认为你能停下来。现在我们在迪比克工厂有另一支产品交付流程的再造团队正在开发新一代的产品交付流程。我们正在安装最新版本的订单履约系统，我们已经商讨过如何改进了。

我认为这些事情能帮助人们理解改变和改进会永远持续下去。不会有终点，所以你必须适应它——而且，在很大程度上，公司已经适应了这种变化。

你可以庆祝已经取得的成绩，但是一段时间以后，你需要开始庆祝你行进的速度，而不是庆祝你已经到达的位置。我觉得我们已经有了转变。

许多公司，甚至大多数公司都认为再造是高雅戏剧。执行再造的公司

第十二章 公司的经验：迪尔

有着各种各样的理由：有些公司已经到了灾难的边缘，发现他们运营的业务过于复杂，他们的管理成本过于高昂，他们已经不能在满足客户需求的同时实现盈利，于是才诉诸再造；有些公司遇到了市场的根本性变化，变化的原因是科技创新、客户需求突然转变、解除管制规定或者出现了一些新的竞争者；还有一些公司是由高层管理者领导再造的，这些领导者相信再造，他们看到了流程变革力量的夺目光辉。这种情况下，再造就意味着与过去划清界限，从头开始，完全重塑公司的运营方式。

这种再造的激进派有着某些优势。逼迫改变的方式反而让经理们更容易下决心执行再造，员工们也更容易接受再造。但是还有另一条再造之路，即渐进式而不是革命式，也就是说在公司历史基础上进行再造，而不是脱离公司现有基础。如果说IBM是一个激进式再造的例子，那么约翰·迪尔公司就是温和式再造的例子。

迪尔是一家拥有光荣传统的令人尊敬的公司。的确，这家公司的名字就几乎是农机设备的代名词。当迪尔决定再造时，这家公司仍然在盈利，仍然很成功。但是加里·切斯梅和他的一些同事们很有远见，他们理解再造的威力。他们觉得迪尔公司一定还有更好的运营方式。不过，这不是对迪尔公司和流程的正面进攻，而是一场游击战。迪尔公司的再造不是被迫引入的陌生概念。它是公司长期决意提升业务和提高质量的自然结果。

早先，切斯梅和他的同事们失败了。他们试图在公司还没有准备好时就再造核心的订单履约流程。很明智的是，他们撤退了，然后开始通过在风险较小的领域创造再造的成功来累积人们对再造的支持。那些领域是：车间、保险业务以及墨西哥分公司。相比之下，这些环节较少拘泥于原来的业务方式，所以他们将再造看成他们工作的延伸，接受再造就没有麻烦。在这些环节再造成功就可以获得全公司范围的支持，尤其是得到高层认可。

尽管如此，迪尔并不熟悉再造的技巧和相关行为。正如切斯梅简洁地提醒我们的一样，一方面他们是"造拖拉机"的；另一方面，数十年根深蒂固的职能行为无法轻易消除。再造团队既要注意协调，又要具备创造力进行变革管理。他们做了以下全部事情：他们倾听人们的意见，确保能准确理解人们的关注点和感受；他们采用了棋盘游戏来减少人们焦虑，帮助人们理解为何必须做出改变；他们专设了一个用于沟通的项目。换句话说，他们动用了变革管理这个兵工厂里所有的武器，最终他们的努力获得了回报。他们将再造应用到了公司的核心流程并取得了巨大成功。

整个过程中，迪尔从没有迷失目标。正如吉恩所说："我们专注于提升业务"，而不是教条主义式的再造。当"再造"一词有了一些负面的隐性含义之后，他们使用了一个不同的术语——"业务转型"。最终，再造被融入了一个更大的项目：一个叫作"卓越流程"的通用变革方案，现在服务着许多其他的项目。

这非常重要。太多公司有着太多不协调的变革方案，这些都导致了混乱和瘫痪。而迪尔公司没有将能量浪费在寻找再造和质量提升等需求之间的边界，而是将它们全都一起放到"卓越流程"之下。

迪尔已经设法将再造制度化了。它不再是一个有着截止日期的项目，而是成了生活方式。迪尔公司意识到了永远无法安顿，改变才是常态，而决心持续再造——无论叫什么名字——这才是生存的唯一方式。

REENGINEERING THE CORPORATION

第十三章　　成功再造

可悲的是,我们必须承认虽然前几章的案例都成功了,但许多实施再造的公司根本没有成功。他们结束再造时与他们开始再造时的状况一样,没有重大改变,没有实现重大的业务提升,成了员工嘲笑的另一个无效项目。我们不太准确的估计是,在执行再造的公司里50%～70%都没有实现他们期望的重大改进。

不过,虽然我们说再造常常不成功,但它却并不是高风险。这虽然看似矛盾,但其实并不矛盾。我们以轮盘赌与国际象棋之间的风险差异来做对比。轮盘赌是高风险的,下国际象棋不是高风险,不过一名玩家输棋的频率可能与输掉赌局频率差不多。轮盘赌纯粹是碰运气。一旦下了赌注,赌博者就对输赢结果没有了控制权。而在国际象棋里,输赢结果却不取决于运气。赢棋的基本上是更优秀的棋手;输棋则是由于能力不足和战略失误。

再造就像下棋一样:成功的关键在于知识和能力,而不是靠运气。如果你知道规则,避免犯错,你就非常有可能成功。此外,再造中会反复出现同样的错误。所以,成功再造的第一步就是认识这些常见的错误,努力避免重蹈覆辙。

波兰国际象棋大师萨维利·塔塔科维曾经对着一盘摆出残局的棋盘说："棋盘上失误充斥，就等着你走错呢。"接下来我们列出导致公司再造失败的最常见错误。避免犯这些错误，你几乎就能成功了。

◎尝试修补一个流程，而不是改变流程

再造中最糟糕的失败方式是根本不再造，而是引导流程做出一些变化，却将其称为再造。"再造"一词已经广为人知，于是便与各种各样的项目联系起来，但其实那些都不是彻底重塑流程。我们觉得有一句老话很有用，给牛挂上一块写着"我是一匹马"的牌子并不能让牛变成马。

我们在第二章描述过IBM信贷公司如何再造它的信贷发放流程。不过，我们忘了说IBM信贷原先曾经尝试过好多次"修补"原有流程，最后才恍然大悟需要彻底重塑流程。

该公司起先试图将原有流程自动化，使用电脑技术来加速信息流动和任务执行。自动化之后，公司给专职员工派发了在线电脑终端，让他们将各自单独的工作成果输入进去。但他们仍然用他们各自部门的电脑离线工作，每份客户信贷申请仍然需要串联处理——首先查信用，然后转去业务部，再去定价等。纸质的申请表仍然从一个部门转到另一个部门。实际上，那次自动化带给IBM信贷公司的唯一好处是让处理最后一步（报价准备）的专职员工能从在线系统中获取流程前面几个步骤的结果。通过将业务自动化，IBM信贷实际上是在用电脑软件强化了劣质的流程，使原有流程更难改变。

由于不满意自动化所带来的微不足道的提升，该公司接下来尝试了许多业务提升技巧。他们尝试了利用统筹学和线性规划技巧平衡各个部门的工作，从而将等候时间最小化，但结果不明显。于是公司又为流程中的每一个步骤都设立了时间标准，但是当公司后来衡量员工的实际工作结果时，发现员工们几乎都100%达到了标准，但是整个周转时间却拖得更长了。这个反常结果的原因是什么？原来，当时间紧迫时，人们就会简单地从需要他们处理的申请表上挑出错误，这样他们就可以将这些有问题的表格送回前一个部门去要求重做，于是对他们自己部门的评估就不包括这些申请表了。

IBM信贷公司的经验比较典型。为了避免再造所导致的根本性重塑，公司却常常陷入更大的麻烦，花费更多了。他们会重组，这意味着他们根本没有改变工作流程，只是改变了为流程工作的员工身边的行政管理。公司精简规模，这只是意味着用较少的人员，用相同的方式去做相同或更少的工作。公司也采用激励措施，即用激励试图让人们更努力工作。

即使原有流程是公司业务问题的来源，但人们毕竟熟悉这些流程，所以公司也就满足于这些流程，支持这些流程的基础设施早已齐备。相比于抛弃原有流程重新来过，改进原有流程似乎更简单、更"合理"。对于大多数公司来说，渐进主义是一条抵制最少的道路，但却注定通向再造失败。

◎不专注于业务流程

不久以前，一家大型欧洲公司美国子公司开明的管理层任命了一些员工组成任务团队去解决当时的关键问题：授权、团队工作、创新、客户服务等。这些任务团队的日程安排就是一部当代商业界陈词滥调的词典。每个团队都有各自的议题，并有90天时间制定出建议，目的是让公司实现重大进步。这些团队接受的是全权委托，所以他们不用担心他们的想法越过了边界或太过疯狂。这些任务团队努力工作了90天，但是没有拿出什么好方案。他们提交了一大堆写满陈腐建议的纸，所有读过的人都能立即发现其毫无价值,他们做不出任何方案。

为什么这个拥有如此的高层支持和广泛参与的项目,最后以失败告终?因为问题定义错误。"团队工作"和"授权"都是抽象概念和概述性词汇,所以无从下手。这些词汇描述的是人们希望公司实现的特点或属性,但却没有直接的方式可以实现。这些词汇是流程设计的结果,只有在流程中才能实现。如果不通过工作流程的结构,人们如何才能开始授权工作?同样,"创新"本身不代表什么,它也是设计优良的流程的结果。这家公司这个项目的缺陷以及其他公司的类似尝试,都是他们没有从流程的角度考虑业务。不从流程角度考虑就尝试改进业务,那就像是在泰坦尼克号上重新安置躺椅般于事无补。

◎只知道重塑流程,却无视其他所有事情

正如我们所见,一个再造项目会激发许多事情做出改变。职位设计、组织结构、管理制度——所有与流程相关联的——都必须做出改变,以保持连贯的菱形业务系统。

正如我们在第二章提及的,当福特公司再造它的供货商支付流程时,其效果甚至波及接收处的职员,这些职员突然成了决策人。他们以前只需要在纸质文书上敲上日期和时间,现在他们必须使用电脑终端来决定送来的货物是否与订单信息相一致。如果不一致,他们的职责是拒绝收货,然后将货物送回去。这些员工以前几乎不用负责任,现在则必须思考并做出决定。

在IBM信贷公司,以前只知道如何核查信用信息的人现在需要为整个金融交易做评估并给出定价。要做到这些,他们不仅需要学习新工作技能,而且还需要端正新态度对待他们的工作。

资本控股 DRG 公司完全重新思考了服务客户的方式，然后再造了许多流程。其结果是，为了支持新设计的流程，DRG 公司必须重新设计工作评价方案、薪酬制度、职业晋升路线、招聘和培训项目、升职政策——换言之，几乎改变了所有的管理制度。

即使是渴望彻底重塑流程的经理们也常常会被这种重塑所需要的全方位变革给吓到。我们常常会遇到以下这个情形：一名高级经理委托一个再造团队为陷入麻烦的流程制定出突破性的改进计划。一段时间过后，团队回来了，描述了一个突破性的概念，展示出规划的新流程如何降低 90% 的周转时间、减少 95% 的成本以及去除 99% 的错误。那名经理兴奋地坐立不安。然后，团队接着解释这个新流程将需要设计新的工作评价方案、需要整合好几个部门、需要重新定义管理权限、需要转变劳动关系风格。那名高级经理又坐立不安了，但这次并不兴奋。"我是叫你们减少成本和错误，"经理说，"不是叫你们重造一个公司。"然后，团队通常会被解散，再也没有听过突破性的概念。但是，重造公司却正是再造。

◎忽视人们的价值观和信念

流程再造之后，人们需要一些好好工作的理由。仅仅设立一个新流程还不够。经理们必须通过支持新流程所需的新价值观和信念来激励员工迎接新流程的挑战。换句话说，管理层不仅必须注意员工办公桌上的事务，还需要注意他们头脑中的想法。

当福特公司再造它给供货商的付款方式时，员工的态度和行为都必须改变。负责采购的人员再也不能将供货商看成需要打倒的对手，而应该将他们看成与福特公司共享业务流程的合作伙伴。

当 DRG 公司再造其审查保险申请的流程时，该公司也必须彻底改变企业文化。监管者不再是监工了,而必须成为向那些实际执行工作的员工提供服务的人——就是要确保那些个案工作者们拥有他们工作所需的所有工具和支援。

需要转变态度的变革不太容易被员工接受,仅仅发表演说是不够的;新的管理制度必须通过奖励展现新价值观的行为培养所需的价值观。但是高级经理也必须发表新价值观演讲,同时通过他们的个人行为展现他们的决心。

◎仅仅愿意做出微小的改进

重大改进需要有雄心壮志。当有人建议,不用花多少成本的小小改变就能使得流程获得10%的改进,而不用经历再造所引起的痛苦和折磨时,就是测试雄心壮志的关键时刻。选择容易走的道路,获得一些边际性的改进,这种诱惑力很强。但是,从长期来看,边际改进根本不是改进,反而是有害的。

照例来说,边际改进会进一步将现有流程复杂化,导致以后更难认清楚业务如何真正运作。更糟糕的是,在现有流程上再花费额外的时间和资金只会让管理层不舍得废除这个流程。最有害的是,采取渐进式步骤会愈发强化渐进主义文化,导致公司失去勇气。

◎过早放弃

不用惊奇,有一些公司刚开始再造第一次遇到问题就放弃再造或者降低了再造目标。他们失去了勇气。但是我们也见过一些公司在出现了第一次成功迹象时取消了再造项目。一旦他们的成功伴随着痛苦和折磨,他们就停下了。最先的成功变成了回到原先业务运营简单生活的借口。以上两种例子，公司都没有坚持再造，放弃了未来的巨大回报。

◎定义问题与再造范围时受困于原先的局限

再造之前，如果公司管理层将需要解决的问题定义得过于狭窄，或者限定了范围，那么这个再造项目注定会失败。定义问题并确定范围和步骤是在再造中需要考虑的。只需要清楚表达再造需要实现的目标，再造项目就可以开始，而不是预先设定实现目标的方式。

我们用一家工业设备制造商的经验阐述这个观点。公司高管告诉企业顾问说公司的订单履约流程太昂贵了。他们需要削减这个流程的运营成本。

顾问开始调查这个问题，他们与公司的客户交谈，所有客户都说这家公司除了设备产品还不错之外，其他的地方都让人讨厌。客户说，如果他们能从别的地方买到同样的产品，他们立刻就会放弃这家公司。

被市场反馈羞辱之后，该公司高层认为问题出在订单履约流程的内部成本，但其实真正问题出在整个客户服务流程——履约、支持和沟通。任何与客户交互的方面都出了问题。假如顾问接受了高管们的说辞，将自己局限在检查流程的成本（正如经理委托的内部再造团队也受此局限一样），那么他们就无法发现公司问题的真正实质。

大型企业的高层经理不接触客户和生产现状，以至于他们不知道业务流程出了多少问题，这种情况并不罕见。在流程层面受到了侮辱，高层管理者并不能定义需要解决的问题，也不能界定范围。

此外，以下这种情况也很常见：有的公司虽然认为需要改变业务流程，却又将再造项目局限于流程中的一个武断的小部分，仅因为这个小部分可以合适现有的公司边界。这种做法就注定了再造失败。再造必须打破边界，而不是加固边界。再造必须感觉有所颠覆，而不是感觉安逸。

坚持说再造需要整洁小巧，就是放弃再造。

◎放任陈旧的企业文化和管理层的反对态度阻止再造

再造还未开始，一家公司盛行的文化风气就可以阻碍或者击退再造项目。例如，如果公司员工一致对工作状态感到满意，那么他们会认为从上至下的再造是在侮辱他们的感情。公司的短视倾向使他们只专注于季度业绩，很难将视野延伸到再造的长期效果。某些对冲突抱有偏见的公司会对挑战长期以来的规则感到不适。管理层有职责预料并克服这些障碍。

◎试图由下至上推进再造

明摆的事实是，再造永远不可能由下至上推进。有两个理由能说明，无论对再造的需求有多大或者员工们的才能有多惊人，一线员工和中层经理都无法启动并执行一个成功的再造项目。

第一个理由是，必须从公司的高层开始推进再造，因为接近第一线的员工缺乏再造所需的广阔视野。那些员工的专长基本上局限在他们的个人职能和所在部门的领域。他们能清楚看见（也许比别人看得更清楚）的地方是他们所在部门所遭受的狭隘问题，但却很难看清整个流程，难以认识到问题的来源是糟糕的流程总体设计。基层管理人员不喜欢再造，更喜欢渐进主义，因为渐进式改进不会超越他们的视野范围。

第二个理由是，所有的业务流程都会不可避免地跨越组织边界，所以没有中层经理有足够的权威去坚持推进流程转型。流程的范围会不可避免地超越他的职责界限。而且，一些受影响的中层经理害怕流程重大变革会削弱他们自己的权力、影响力和权威。这些经理们是现有运营方式的受益者，而再造后的公司则会含蓄地——有时候甚至是毫不隐讳地——损害他们的职业兴趣。他们害怕改变，因为新规则还不明确。如果重大变革的威胁从下面冒上来，他们会抵制它、扼杀它。只有高层强有力的领导才能引导这些人接受再造所带来的转型。

◎指派不懂再造的人去领导再造项目

高层领导力是成功再造的必备先决条件，但不是所有的高级经理都会再造。领导者必须是既重视运营，又欣赏运营表现所导致的财务结果的人。只有以流程为导向的、能思考整个增值链（从产品概念到销售和服务）的高级经理才能领导再造项目。只有高层职位和权威还不够；同样关键的是对流程的理解和正确的心态。

◎吝啬再造所需的资源

热力学定律说，你无法凭空获得物质（能量）。该定律在商业领域意味着，如果一家公司不肯为再造项目投入足够的资源，那么也就无法取得再造所承诺的突破表现。这些投入中最重要的部分是投入时间以及投入公司最佳人员。再造项目不能委托给无所事事、平庸的溜须拍马者。

再造还需要高级经理直接、亲自参与。正如它不能从公司的底层浮上来一样，再造也不能委任给基层。高级经理不用自己去做再造。他们可以委任助手和协调人，但他们不能放弃对再造项目的责任。这意味着，再造必须是这名领导人的个人项目。每季度评估一次项目进展还不够。高层管理团队必须足够投入，经常指导和检查实施中的所有再造项目。

只给再造项目分配吝啬的资源也代表着管理层不认为再造相当重要，这会鼓励人们忽视或抵制再造，人们会期望不久以后再造就走到尽头。

◎将再造埋在一堆公司议程之中

我们告诉公司，如果他们不能将再造置于议程的优先级，那么他们应该完全丢弃再造。如果管理层的关注点和精力分散在许多不同的项目上，而再造仅仅是其中之一，那么再造就不能获得其所需的强烈关注。如果管理层不能给予持续的关心，那么抵制和惰性（员工和公司的自然倾向就是持续做他们一直做的事）会导致再造陷入停顿。只有人们意识到管理层下决心再造，专心于再造，经常给予再造密切关注，他们才会让自己接受这个必然结果。

◎将精力消散在许许多多再造项目上

再造要求集中焦点和严格纪律，换言之，在任何时候，公司都必须将他们的再造项目集中在少量的流程上。如果一次要求做太多，公司不仅不会充满能量，反而会不知所措。客户服务流程、研发流程、销售流程也许都需要彻底重塑，但是如果公司试图同时解决他们，除非他们拥有极佳的管理能力，否则什么都完成不了。管理层的时间和注意力是有限的，所以如果经理们不得不对各种项目蜻蜓点水，那么再造就无法得到关键的支持。

◎当首席执行官还有两年就要退休时尝试再造

如果公司的首席执行官或者业务单位的领导人还有一年或两年就要退休了，那么他对于再造的看法就可能是暗淡、不热情的。这不是因为他越来越懒惰或者不再关心公司的未来，而是因为业务流程的根本性变革不可避免会对公司结构和许多管理体系造成重大影响。即将退休的人可能就是不想处理这种复杂的情况，或者不想做出会约束继任者的再造决定。

即将退休的首席执行官的第二个问题是这个即将空出的职位可能会对

其他经理产生影响。尤其是在一个职位等级化的公司里，想要得到空出的高层职位的竞争者们通常认为公司在观察和评估他们。所以，他们也许对个人表现更感兴趣，而不喜欢成为一个大型的集体再造项目中的一分子。而且，他们通过这些熟悉的规则获得了现有职位，所以对于改变这些规则的任何项目可能都不会感兴趣，他们在公司确认继任者之前都想要避免可能的风险。

即使即将退休的首席执行官声称他们现在准备好接受再造带来的风险，你也得要小心。首席执行官可能会说："毕竟，在我职业生涯的最后阶段，我不用担心什么了。"是的，但是如果他们一直等到现在才大胆起来，那么他们也许不能在短时间内学会再造所需的规则。

◎无法将再造与其他的业务改进项目区分开来

令人遗憾的是，许多公司不会停止尝试各种业务改善项目。当大环境不佳时，所谓的灵丹妙药全都涌现出来。财经媒体充斥着各种能让公司变好的想法和项目，例如：质量改进、战略策应、"规模适中化"、客户－供货商合作、创新、授权。通常这些项目都是短暂的。正如一名爱说笑的人告诉我们的那样："每个月，我们的高级经理都会去参加某些研讨会，带回来新的改善公司的信仰。我们员工要做的就是屏息以待，过一段时间他们就会抛弃原来的想法。"再造的一个危险是，员工会将再造看成另一个"本月项目"。如果再造项目被委派给无能的员工团队，那么这个危险当然就会成为现实。如果要去除这种潜在危险，管理层必须将再造的职责分配给基层管理人员，而不是专职员工。此外，如果公司的确下决心推进另一个业务改善项目（例如全面质量管理），那么必须花精力仔细找准再造相对于其他项目的定位。否则就会导致困惑，大量的精力会被损耗在争论"哪个项目更好"这种毫无意义、两败俱伤的争斗中。

◎仅仅专注于设计

再造不仅仅是重新设计，它还需要将新的设计付诸实践。再造成功者与失败者之间的区别通常不是他们各自想法的高下，而是他们各自如何实践。失败者的情形是，再造从来没有从构思阶段进入执行阶段。

◎试图在推进再造的同时不冒犯任何人

必须打破鸡蛋才能做出煎蛋饼，这句格言非常适用于再造。如果说再造是一个让所有人高兴的双赢项目，那听起来当然很好；听起来是好，但却是谎言。再造无法取悦所有人。一些员工是现有运营方式的既得利益者，一些人会因为再造丢掉工作，一些员工会不适应再造后的工作。期望试图取悦所有人并不足取，这会将再造项目的价值降低为小幅度的改善或者延缓再造的执行。

◎当再造的变革遇到人们抵制就退缩

不应该对人们抵制改变感到惊讶，尤其是负责公司再造项目的人更不用吃惊。对于重大变革，抵制是员工不可避免的反应。所以，管理抵制的第一步其实是对抵制做好思想准备，不要被抵制吓退。

我们曾经听一些经理说，他们公司的再造失败了，因为员工抵制改变。这就像在说，牛顿第一定律（运动中物体的惯性会让其保持运动状态）是造成车祸的主要原因。导致车祸的，并不是牛顿第一定律，而是人们没有注意看路，同样，再造失败的真正原因是管理层没有预计到再造会带来不可避免的抵制，没有为此做好计划。

◎再造时间拖得过长

再造对公司里的所有人都造成压力,长期的再造项目会延长人们的不适感。根据经验,我们建议,公司从表达出"改变的理由"开始到流程再造后第一次现场执行,所花的时间周期不要超过 12 个月。如果要花更长时间,那么人们会失去耐心、变得困惑和分心。他们会认为再造是另一个虚假的项目,再造的努力会失败。

毋庸置疑地,除了以上我们列出的之外,还有许多通向再造失败的道路。人们会极其灵活多样地找到失败的新方法。然而,在我们遇到的所有陷阱中都可以找到一条明显线索。那条线索指向高级管理层的角色。如果再造失败了,无论直接原因是什么,其潜在原因都可以始终如一地追溯到高层经理对再造项目的理解或领导力不够。再造总是诞生在高管套房里,而且大多数时候,也是在那儿死去。

虽然有不少失败的可能,但是也有许多成功再造激励了我们。理解再造、决心再造、拥有强有力的高层领导力推进再造的公司就能成功。再造成功的回报是惊人的——不仅改变了公司本身,也改变了经理和员工,甚至改变了商业世界。犹豫的时代已经过去,现在是行动的时代。

后　记

虽然有不少广为人知的困难，但是美国公司还没有陷入危难之中。我们在本书中所举的例子本身就证明，美国公司可以通过变革来参与全球经济的竞争。他们懂得：即使是令人羡慕的声望、良好的财务控制以及没有负债的财务状况，也无法确保公司生存。要想在当今世界生存，就需要强有力的高层领导力，需要着重关注顾客和他们的需求，还需要高超的流程设计和执行。再造就是公司必须拥有的一项工具，公司需要知道如何利用再造为成功奠定基础。

过去10年间涌现出了许多声称能治好美国公司疾病的奇迹疗法。但大多数疗法对于企业病人都没能产生明显的效果。

然而，再造不承诺治疗奇迹。再造无法提供快速、简单、无痛的修理。相反，再造需要困难的、费力的工作。它需要公司管理者和员工改变他们的思维和行动。它需要公司用完全新的做法代替原有的做法。要做到这些并不容易。仅仅用激励式演讲和吸引人的海报还不足以完成。

当读者们在他们自己的公司中尝试再造时会发现，虽然本书用一些篇幅探索了再造，但我们也仅仅只是触及了该话题的表面。例如，对于公司如何实际推进再造实现,我们只写了一点点。还有一些话题,诸如执行再造项目的方法、如何编排变革运动、流程设计和发布重塑后流程的时间点,以及处理再造执行过程中最常见问题的战术等,都超出了本书的范围。

而且,关于再造的其他一些重要疑问并没有最终答案。例如:"美国公司的再造会对美国经济产生什么影响?"再比如,再造会使企业职级扁平化,这对于习惯于用他们的职级来衡量自我价值感的经理和高管们会产生什么影响?

然而,再造的不确定性却不能被用来作为必做事务延期的借口。几乎所有行业的领先公司都已经开始了再造。当许多公司提升了他们主要流程的表现,再造可选项就会成为其他公司参与同一行业竞争的必选项。即使在一个市场中只有一家主要公司执行了再造,它也会创造出所有竞争者必须达到的新的基准水平。

再造仍然是一种新的尝试。我们所有参与的人都是先行者。工业革命的世界正在让路给全球化经济、强力信息技术和持续变革的时代。再造的时代正在启幕。能够接受这个挑战的公司就能为美国商业界写下新的规则。新的时代,所需要的是成功的欲望和开始的勇气。

常见问题解答

我们为本书新一版增加本章节,以达到两个目的:

第一,我们想利用这个机会澄清和详述一些观点。虽然我们在第一版书里尝试解释一些观点,但据说没能达到我们的期望。这些分歧使得读者向我们提问发难。我们用这个新章节来回答他们,希望答案能澄清我们原先的想法。

第二,我们想在此更新本书某些观点,将出版第一版后我们才学到的一些东西写进本书。所以,我们会利用本章节回答我们从读者那里收到的最常见问题。我们认为既然有许多人不厌其烦问某一个问题,那么应该有更多的人会关心答案。此外,我们还会回答一些并没有被经常问及但其实应该被问很多次的问题:我们以问答的方式充实本书。

被问到次数最多的问题是关于我们在书中宣称 50% ~ 70% 的再造项目都没能实现之前期望的重大改进。许多人好奇,如果失败率那么高,那么着手再造岂不是很鲁莽?

我们所说的失败率是历史失败率,而不是预测值。我们说超过 50% 的再造项目曾经失败了,但不是说他们不可避免地将会失败。再造项目失败,是因为执行再造的人犯了常见的、但可以避免的错误，我们在第十三章"成功再造"中列出并讨论了这些错误。如果你避免这些错误（其实很好避免），那么你再造成功的机会就很大了。其实，一个精心设计、执行有方的再造项目几乎总是能够成功。另外，失败不意味着再造永远停止了——通常再造暂停一些时间之后，当公司重新聚焦、重新动员之后又可以重新开始。再造不能停止——这是势在必行的。正如我们所说，再造不像轮盘赌，而像下棋，你下得好就能赢。再读一遍第十三章，避免犯那些错误几乎就能保证再造成功。

◎再造是不是一长串管理学风潮中的一个，虽然吸引了许多的短期注意力但没有多少长期影响？如果不是，为什么不是？

再造不是一阵风潮，不过感谢提问。

首先，让我们定义"管理学风潮"。许多所谓的"管理学风潮"原先都是好主意，但被过度吹捧，用在了不应该用的地方。以质量研讨小组或者走动式管理举例。它们是一阵风潮吗？不是，它们都是很合理的想法，但是人们却没有在特定环境中理解质量研讨小组，而人们又给走动式管理背负了不切实际的期望。如果设置质量研讨小组并未处在进行全面质量管理的大环境下，那么设置质量研讨小组就是浪费时间。如果你指望用走动式管理来降低管理成本，那它肯定会让你失望。管理没有奇迹疗法，但是经理却有喜欢购买灵丹妙药的坏习惯。

有两个理由说明为什么再造不是一阵风潮。首先，它不是万灵药，而是艰苦的工作。再造不能提供一个单一、准确的技巧去解决所有问题，而是需要重新思考业务所有方面的大型任务。从第一个拥抱再造概念的业务组重塑流程开始，再造过程需要大约10年时间才会到达终点。我们本书中所写的那些公司是先锋。一阵风潮的项目不会持久10年。

第二，再造不是一阵风潮，因为它能起作用。倘若应用得当，它就能达到期望。实际上，全世界各地的公司通过遵循再造原则都已经实现了前所未有的业务提升。

◎再造与全面质量管理的区别是什么？

再造与全面质量管理既不相同也不冲突，它们是互补的。虽然它们都专注于客户和流程，但是两者也有重要的区别。再造需要快速改造公司；全面质量管理也在同一个方向推动着公司，但慢得多。再造是巨大的、根本的改变；全面质量管理涉及渐进性的调整。两者都有各自的用途。全面质量管理应该用在校准公司流程上，而周期性重塑流程只能通过再造实现。

此外，一旦将全面质量管理融入了企业文化之中，即使没有管理层每天关注它也能持续发挥作用。相反，再造是集中式、由上至下、由愿景驱动的项目，需要管理层持续参与和支持。

◎写了本书之后，你们对于再造的理解有没有改变？

是有变化。我们原先将再造定义为"根本地重新思考流程、彻底地重新设计业务流程，以便在一些关键性现代衡量指标上实现大幅度的提升"。然后我们说那个定义里有4个关键词："根本地""彻底地""大幅度"以及"流程"。在这4个关键词中，我们原先认为"彻底地"一词最重要。现在，我们的着重点改变了。我们现在认为最重要的关键词是"流程"。

我们改变了看法，因为比起用不同方式工作来说，能使流程成为公司的核心才是更根本地再造。我们方法的精华就是要围绕流程管理业务。有时候，这就需要彻底重新设计，而有时候不需要。

着重点的变化不是我们观点的整体改变，而是我们对于再造最关键点的理解的一次改进。

◎是你们发明了再造吗？

绝对不是。最多算是我们发现了再造，发明与发现是全然不同的。我们提出再造之前，一些公司就已经在实行再造，但是是随意的，并没有真正理解再造是什么。我们试图定义再造、阐明再造，并使再造系统化，使其成为一个更加深思熟虑的过程。同样地，人们也曾经问彼得·德鲁克，是不是他"发明"了管理。很明显，管理是人们长久以来一直在做的事务。德鲁克回复说，那个时候似乎只有一些天才知道如何管理，没人能复制，而他的书《管理的实践》能让人们学会如何管理。"我让管理成为了一门学科。"德鲁克说，"如果你不能复制，因为你不理解它，那么它就不能算作已经被发明了。只是有人做过而已。"

◎哪种类型的公司算是正在再造，哪种公司不算再造？

各行各业积极再造的公司分布并不统一，所以很难概括。但是，一些特定行业中的公司的确倾向于群聚在三个宽泛类型中的一种：有一些公司已经在流程再造上取得了相对较大进展，有些刚开始再造，还有些公司退缩了。

保险公司可能比其他行业的公司进行了更多再造。其他行业主要以高科技公司为代表，包括电信和电力行业。最近再造比较多的行业是化工、电子、电脑、医药和消费品行业。零售业、银行和政府机构通常行动迟缓。

既然保险公司和银行都属于金融服务公司，为什么保险公司在再造方面领先银行一大步？也许是由于他们迥异的领导风格。银行高管通常以前是贷款专员或者交易员——换句话说，他们是交易人。他们的经验是，成功来自正确的人用正确的信息做出正确的决定。将流程作为关键点的观点不适合他们的思维。另一方面，保险行业中几乎所有高层管理者都有运营背景，所以就更喜欢流程观点，喜欢追求卓越的运营。

◎再造能不能被应用到政府和其他公共事业机构？

当然可以。正如我们早先在书中所说，再造是重新思考组织的工作。所以，再造可以被应用到任何执行工作的组织。

实际上，1993年夏季，由副总统艾尔·戈尔领衔的美国国家绩效评估委员会领导了一场"重塑政府"运动，就广泛采用了这里所说的再造原则。不过，再造政府组织也会有一些特别的问题。

在公共领域实施再造所面临的一个独特挑战是难以评估业绩。私营公司可以将利润作为衡量成功的尺码，而利润又与许多不同的变量联系在一起。例如，可以通过降低成本来提高利润，也可以提升产品质量和服务增加销售。通过利润变化就能判断业务改进与否。但是，大多数的公共领域机构只有成本指标，这就很难在提升服务和降低成本之间做出权衡。

不用吃惊，走在再造前列的政府机构是税务部门和退伍军人管理局。税务部门可以清晰评估运营成本与税务收入，而退伍军人管理局则可能需要马上与私营的医疗保健公司竞争。

第二个困难是，公司内打破部门障碍比打破政府机构之间的障碍简单得多。尤其是，美国联邦政府不是一个事业单位，而是一张包含许多事业单位的网络。机构层面容易进行再造（例如：美国国税局或社会保障事务管理局）。但是政府工作常常是跨机构的。例如，从境外进入美国的人必须排队三次：第一次要接受移民归化局的核查；第二次是美国海关总署的检查；第三次是美国农业部进行的农产品检查。旅行者必须接受由机构管辖范围所导致的冗余流程。即使有一个机构完美再造了它的流程，但是旅行者仍旧要排三次队，只不过其中一条队伍现在短一些了。

不考虑政治因素，政府在再造中明显落后的另一个原因是：再造的目的是实现卓越运营，而大多数政府机构的主管对于运营都没有多少经验。他们基本上都是政策人士。他们真的不懂再造。

◎需要公司规模够大才能再造吗？

不是。这是另一个我们写完书之后观点有所变化的领域。我们早先的再造经验都是发生在大型的、数十亿美元规模的公司里，但现在我们发现这些公司里大多数真正的再造是发生在更小的组成单位里（例如部门）。我们最近也看到许多小规模的公司也成功部署了再造。所以我们确信，只要公司的规模大到一张桌子周围坐不下公司所有的人，它的规模就足够可以再造了，因为那种规模的公司会有再造能够解决的问题。公司里的每个人都知道其他人吗？每个人能不能做其他人的工作？如果不能，那么这个组织就容易成为区域化和碎片化的受害者，这就需要再造。

太多的小公司看起来运营之时就像大型公司。他们虽然小，但他们却已经采用了老旧的传统方式，他们的流程就像大型企业一样绝望的支离破碎。他们显然需要再造。由于他们的大型竞争者们可能会再造并提升运营标准，所以更强化了小公司再造的需求。小公司不再因为他们规模小就能比大型竞争者更灵活。

即使一个小公司不需要立刻再造，理解再造原则和步骤也非常有价值。首先，这能让小公司成为再造后大公司的更佳供货商、顾客或合作伙伴——因为这些小公司也了解再造所需。第二，仍然精干的小公司可以利用这个经验去对抗官僚化的侵占。一分预防相当于十分治疗。

再造的原则甚至可以被应用到创业公司和其他的新公司。虽然对于新公司来说没什么需要"再造"，将流程叫作"再造"有些令人尴尬，但无论是新成立的公司还是成立很长时间的公司，他们都可以应用同样的再造原则。阿斯特拉默克公司就是一个很好的例子，它是两家大型医药公司设立的合资公司，从成立之初就参考了本书中的再造原则。

◎再造纯粹是美国现象吗？

绝对不是。虽然美国公司是这项运动的先锋，但是再造已经很快普及到全球各地。从韩国到巴西,本书都是畅销书。再造的概念很匹配美国对于创新的偏爱,专注于明天而不是昨天,不过其他国家——尤其是拉丁美洲国家和东亚国家——也发现再造极具吸引力。但是不是所有的国家都天生喜欢再造。

◎如果公司成立了工会,再造还能成功吗?

可以成功。通常最喜欢阻止或破坏公司再造项目的不是工会,而是中层经理,因为他们的权力和势力范围可能会被再造削弱。但是,再造会激怒工会成员,尤其是当一家公司拥有不良的劳动关系历史,或者当之前的精简规模和裁员已经加剧了人们对职位安全担心时。

虽然一些员工可能因为企业再造而失去工作,但是再造本身是为了重组工作,不是为了减少员工数量。所以,预防员工反对再造的最好办法是尽早让人们进入再造过程。拥有工会但再造成功的公司通常都从流程再造的一开始就与工会领导人进行了沟通。

但是,当工会反抗时,公司能够持续让员工们(无论是不是组成工会)进入再造过程的唯一办法就是坚定决心。工会领导人一旦理解再造以及为什么要再造,那么就不太可能把"不喜欢再造"升级成为"罢工"。

◎我先从一个流程开始?两个流程?所有流程一起再造?

这个问题不是多少流程,而是哪个流程。你可以再造许许多多的辅助流程,但是对于企业利润却没有实现多少改善。或者,你可以选择一个或两个对于你们业务目标至关重要的核心流程，然后发挥巨大作用。

再造小流程与再造大流程一样困难，因为任何再造项目都会跨越部门边界与职能界限，导致不安定。你还不如让这混乱对得起你的时间和努力，从能够获得最大回报的流程开始。

◎对于大多数公司来说，如果经济改善了，再造的需求会不会消失？

需求不会消失，但是意愿可能会消失。经济衰退或者复苏滞后会强化公司修理他们毛病的压力，经济好转时压力会减轻，却不意味着关注流程的需求会减少。当公司再次进入艰难时刻——他们常常这样——问题又会复发，延迟解决问题会让再造更加困难。

◎一家公司再造了。然后呢？

再造之后，公司必须管理新的再造之后的流程，使其实现力所能及的绩效水平；但是，流程管理对于大多数公司来说是新的挑战。

再造创造出了一个减少了等级制度的组织环境，员工们更有工作技能，组织结构更灵活。这种环境中的重点是工作，不是管理。在这种组织中学会如何工作和管理，是收获再造益处的关键要求。

但是，不久以后就是另一轮流程重塑和再造的时刻了。一家公司的流程使用了50年之后，也许不出5~10年又需要另一轮流程再造了。变化成了我们商务生活的常客，于是也就需要周期性再造。

我们认为，下一轮再造不会如第一轮再造那般痛苦。一家再造过的公司，已经复原了曾经碎片化的工作，消除了职能障碍，将组织等级制度扁平化了，那么也许执行另一次再造就不会觉得困难。我们的长期目标必须是在公司中将再造"制度化"，使得人们将变革看成常态，而不是反常现象。然而，创造这种公司并不简单，这需要用另一本书探讨。

致　谢

本书的中心论点——企业必须完全彻底地重塑他们的业务也许会被某些人认为太过于极端。然而，我们急切想告诉那些不愿意冒险的人们，本书中的建议与结论均是基于一些卓越组织的成功案例。我们想对这些公司表示感谢，感谢它们远见卓识的高管与经理们。

我们也对许多同事和教授满怀感激，许多年来我们从他们那里获益良多。虽然我们无法将他们一一列出，但有两位值得特别鸣谢：彼得·德鲁克和托尼·阿托斯，是他们对于组织的深刻见解影响了我们所有的工作。我们也非常感谢CSC指数公司（一家战略管理咨询公司）的员工们，他们与我们分享了他们的咨询经验，为我们收集了案例材料，使得本书能顺利出版。他们的贡献贯穿全书内容。

我们希望对以下几位就本书出版起到巨大作用的人们表示特别感谢：唐纳·萨蒙斯·卡朋特、毛里斯·科伊尔、阿比·索罗门，他们通过非凡的编辑技巧将本书初稿连贯成书；海伦·里斯，我们的图书经纪人，教授了我们关于出版的"业务"；还有哈珀商业出版社的编辑弗吉尼亚·史密斯、阿德里安·扎克海姆，和埃林·里奇支持我们的每一步工作。

最后，我们想对所有在他们组织中实践再造，与我们一起深化对于这个商务新时代之理解的人们表示最衷心的感谢。

出版后记

20世纪90年代,企业再造理论风靡美国,被誉为管理学发展史上的一次革命。《企业再造》一书也在最具影响力的《〈纽约时报〉书评》非小说类畅销书排行榜上连续6个月名列前茅,随后被翻译成30多种文字,热销全球,迈克尔·哈默也借此成为全球最杰出的管理思想家之一。这本书同样在中国产生了巨大的反响,著名的海尔集团就凭借对企业再造理论的实践,走向了巅峰。

20世纪90年代,企业再造的对象是早期工业时代的生产经营管理制度及其背后的理念和原则,这一套陈旧的制度强调细致的专业分工,把人异化为机器部件的延伸,而多层级的管理结构和垂直指挥体系极大地限制了人的创造性,隔绝了横向的、斜向的信息交流。不可否认,这套制度相对于农业、手工业时代的粗放管理有其科学性,但是已然无法适应世界的变化。

企业再造理论的核心精神,就是不断调整业务流程以适应时代的潮流。

进入21世纪,互联网、大数据、人工智能,甚至是区块链技术的进步,正在又一次颠覆商业环境。如何适应这个时代?企业再造是永不过时的思想武器。

企业再造理论不认为就事论事的、小修小补的"微创新"能起到多大作用，唯有"基本地""彻底地""显著地""流程上的"革新，才能真正提升企业的竞争力。要做到这一点，需要强有力的领导者主持，从上至下都要有与老一套的东西决裂的态度。事实上，大多数再造失败的案例，都是因为缺乏决心或者半途而废。

本书是作者在新的时代对《企业再造》的重新修订，结合当下的商业环境，对再造有了更进一步的思考。正如作者所言，企业再造不是一股管理风潮，而是常用常新的管理哲学和思维模型。正确运用这一思维武器，必然会全方位提升企业的经营效率。

除了本书之外，后浪图书近期出版相关好书还有《魔球》《大概率思维》《极简法则》等，这些图书从不同侧面介绍了工作与生活的理念，敬请关注。

服务热线：133-6631-2326　188-1142-1266

读者信箱：reader@hinabook.com

后浪出版公司

2019 年 5 月

图书在版编目（CIP）数据

企业再造 /（美）迈克尔·哈默,（美）詹姆斯·钱匹著；小草译. --南昌：江西人民出版社，2019.7
ISBN 978-7-210-10926-6

Ⅰ.①企… Ⅱ.①迈…②詹…③小… Ⅲ.①企业管理—研究 Ⅳ.①F272

中国版本图书馆CIP数据核字(2018)第258340号

REENGINEERING THE CORPORATION:A MANIFESTO FOR BUSINESS REVOLUTION BY MICHAEL HAMMER & JAMES CHAMPY
Copyright © 2001,2003 BY MICHAEL HAMMER & JAMES CHAMPY
This edition arranged with Taryn Fagerness Agency through BIG APPLE AGENCY, INC.,LABUAN,MALAYSIA.
Simplified Chinese edition copyright © 2019 Ginkgo(Beijing)Book Co.,Ltd.
All rights reserved.
简体中文版权归属于银杏树下（北京）图书有限公司
版权登记号：14-2018-0351

企业再造

作者：［美］迈克尔·哈默　詹姆斯·钱匹　译者：小草
责任编辑：冯雪松　特约编辑：高龙柱　筹划出版：银杏树下
出版发行：江西人民出版社　印刷：北京天宇万达印刷有限公司
690毫米×960毫米　1/16　17印张　字数201千字
2019年7月第1版　2019年7月第1次印刷
ISBN 978-7-210-10926-6
定价：48.00元
赣版权登字01-2018-891

后浪出版咨询(北京)有限责任公司　常年法律顾问：北京大成律师事务所
周天晖 copyright@hinabook.com
未经许可，不得以任何方式复制或抄袭本书部分或全部内容
版权所有，侵权必究
如有质量问题，请寄回印厂调换。联系电话：010-64010019